発達が気になる子どもが

うまく書けるようになる 斜めマス 書字ワークブック

神奈川県立保健福祉大学
リハビリテーション学科 教授
作業療法士

笹田 哲

中央法規

本書の利用にあたって

はじめに

私は、作業療法士として教育現場で子どもたちの問題について教員の方々にアドバイスしておりますが、とても多い相談の一つに「書字に問題のある子」に関するものがあります。小学校では入学後まもなくひらがな・カタカナを学習しますが、授業の中で一文字ずつ学習をする時間は意外と少なく、書けないままではその後の教科学習にも影響してしまいます。

この問題への対応を考えるために、30年以上前から実際に学校を訪問し、そうした子どもたちのどこに苦手があるのかを観察・分析してきました。なかには、見る力や認知力が十分でないために斜めの線や線の長さをとらえることが苦手な子どもや、マスのどの位置から書き始めればいいかがつかめていない子ども、手指をスムーズに動かして運筆することが苦手な子どもなどがいることがわかりました。

これらの気づきから、様々なプリント教材を作り、実際に子どもたちに使用してもらって試行錯誤を重ね、「斜めマス」を使った工夫にたどりつきました。2014年に、「斜めマス」を使ったワーク『気になる子どものできた！が増える　書字指導ワーク①〜③』を発行しました。いずれの巻も大変好評でしたが、発行から10年以上経ちましたので、今回、ひらがな、カタカナ、数字、さらに漢字を加えてパワーアップして、よりわかりやすく、繰り返し取り組めるワークブックにリニューアルしました。

子どもたちには本書を活用してもらい、楽しみながら書くことを学んでほしいと思います。

本書の特徴

- 文字をうまく書けない子どものための、「斜めマス」を使った書字ワークブックです。
- マスの中に点線で「斜め線（対角線）」を引いてあります（「斜めマス」と呼びます）。字に含まれる「斜めの線」が苦手な子どもが多いので、この線をガイドとすることで書きやすくなります。また、この斜め線上に文字の線の始点や交点を配置することで、位置がわかりやすく、書きやすくなっています。
- 40㎜四方のマスを使い、マスの中に書くのが苦手な子どもでも書きやすくしてあります。大きく書くことから始めて、形をしっかり認識できるようになったら、小さなマスに書くようにしていきます。

このような子どもたちにおすすめ

字の練習をしていても、なかなかうまく書けない子どもたち、特に、次のような特徴がある子どもたちにおすすめです。

1. 字だけでなく、四角形、丸などの図形や、斜めの線などがうまく書けない
2. 字がマスからはみ出す、文字の部分ごとのバランスが極端に悪い
3. なめらかな線を書けず、運筆や筆圧のコントロールがうまくできない
4. 左利きで、うまく字を書けない

書字ワークブックに取り組む前に

文字を書くためには、手指の動きの土台となる体の動きがとても重要です。椅子と机の高さが子どもに合っているか、姿勢、鉛筆の持ち方を確認しましょう。

環境と姿勢をチェック

環境

- ✔ 机の高さは肘を曲げたところ
- ✔ 足裏は床につける（つかない場合は、足の下に台を置く）

姿勢

- ✔ 椅子に深く座り腰を起こす
- ✔ 腰と、膝の角度は90度に

鉛筆の持ち方をチェック

- ✔ 中指の第1関節の横に鉛筆を乗せ、親指、人差し指で軽く押さえる
- ✔ 鉛筆の下から2cmぐらいのところを持つ

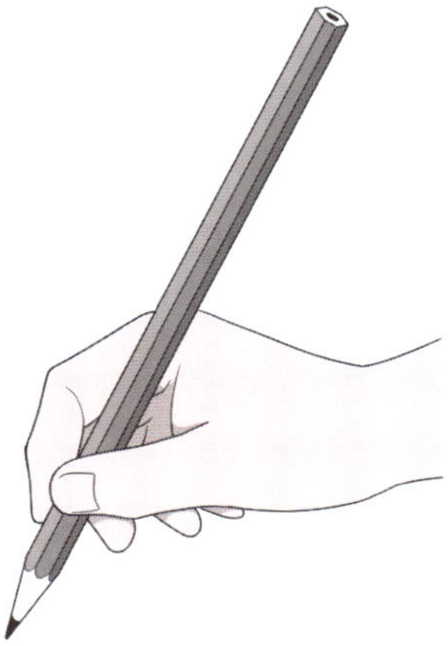

もくじ

ひらがな

カタカナ

数《すう》字《じ》

漢《かん》字《じ》

「斜めマス」練習用紙のダウンロード

書字の練習のために、ダウンロード・印刷してご活用ください。

ひらがな

文字《もじ》のはじまるところ、
線《せん》のながさにちゅういして、
ななめマスをつかってかいてみよう。
カーブの線《せん》はなめらかに
つなげてかこう。

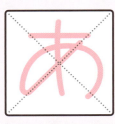

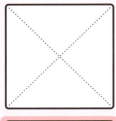

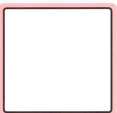

れんしゅう

「あ」を
かこう！

あ

かきかたをおぼえよう！

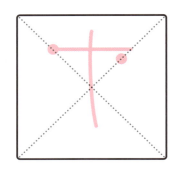

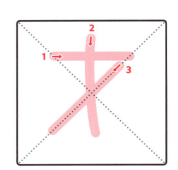

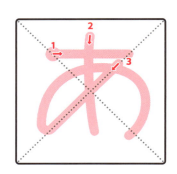

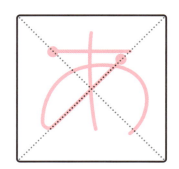

さいしょの
じとくらべて
みよう！

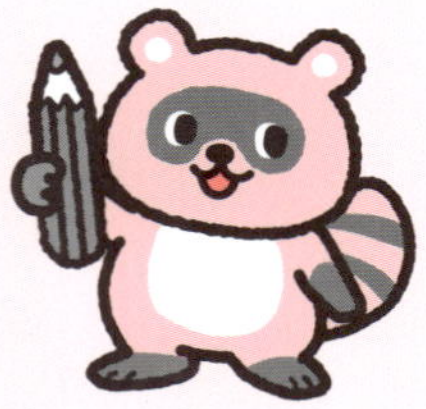

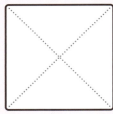

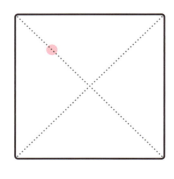

れんしゅう

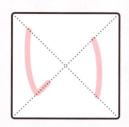

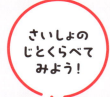

「い」を
かこう！

い

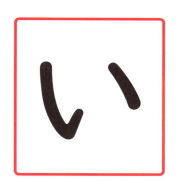

かきかたをおぼえよう！

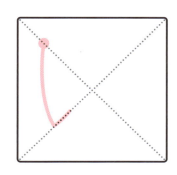

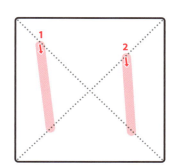

1 2

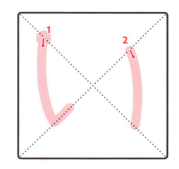

1 2

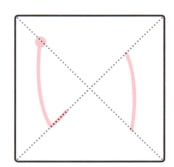

さいしょの
じとくらべて
みよう！

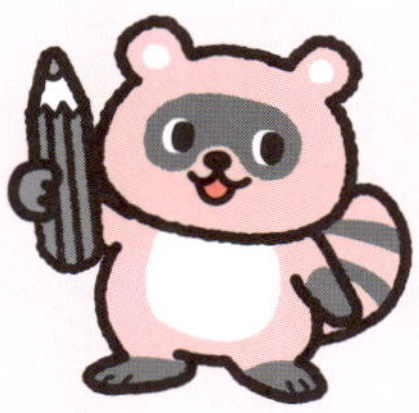

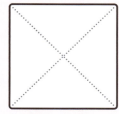

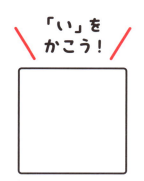

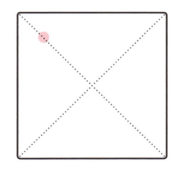

「う」を
かこう！

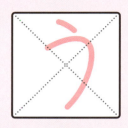

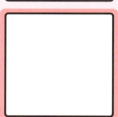

う

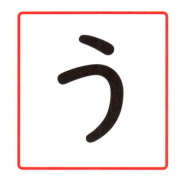

かきかたをおぼえよう！

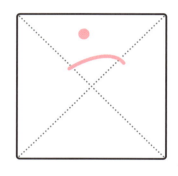

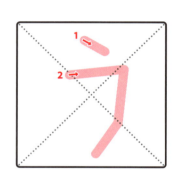

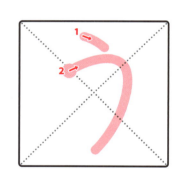

1 2

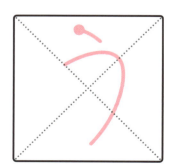

れんしゅう

さいしょの
じとくらべて
みよう！

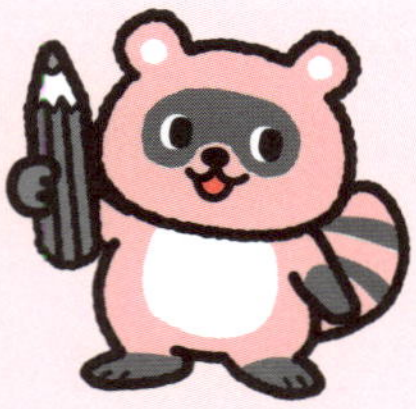

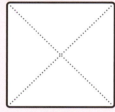

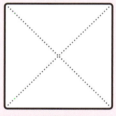

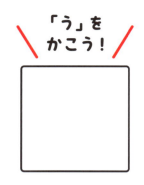

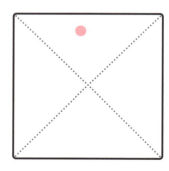

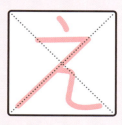

れんしゅう

「え」を
かこう！

え

かきかたをおぼえよう！

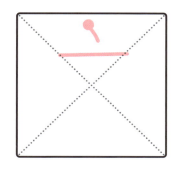

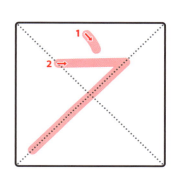

1
2

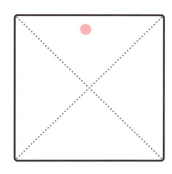

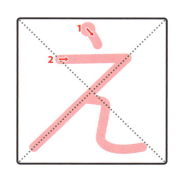

1
2

さいしょの
じとくらべて
みよう！

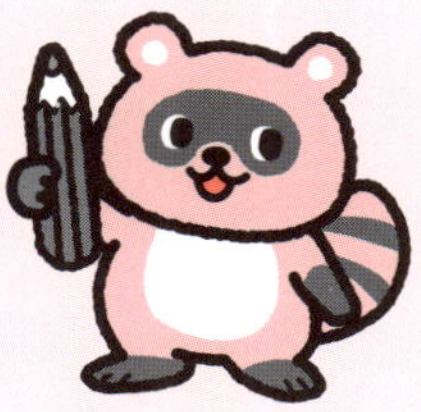

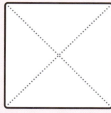

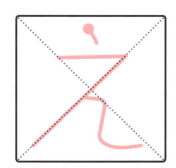

れんしゅう

「お」を
かこう！

お

かきかたをおぼえよう！

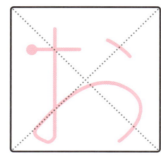

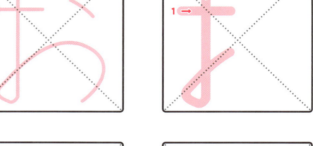

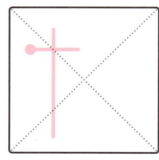

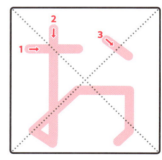

さいしょの
じとくらべて
みよう！

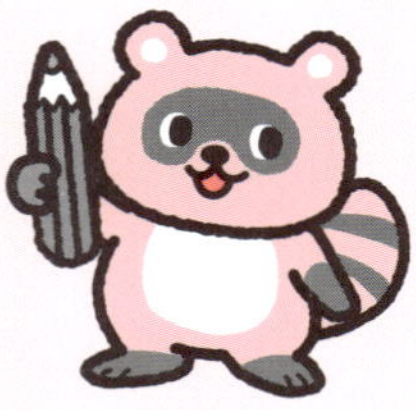

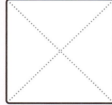

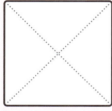

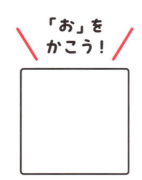

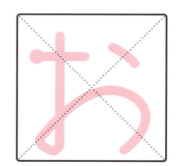

あ行《ぎょう》のれんしゅう

あ　い　う　え　お

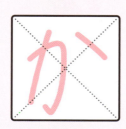

れんしゅう

「か」をかこう！

か

かきかたをおぼえよう！

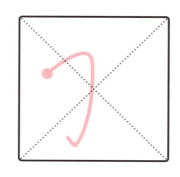

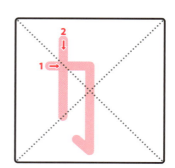

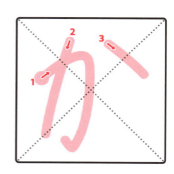

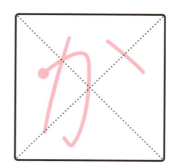

さいしょのじとくらべてみよう！

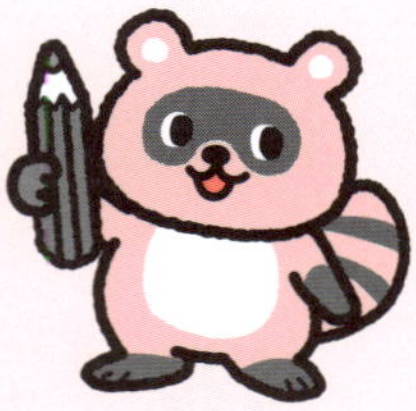

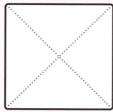

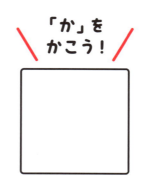

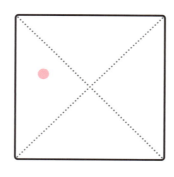

「き」を
かこう！

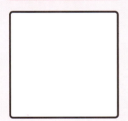

き

かきかたを おぼえよう！

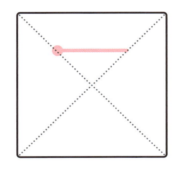

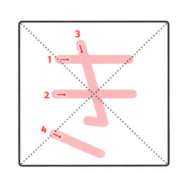

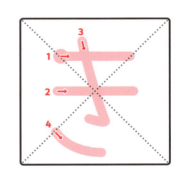

れんしゅう

さいしょの
じと くらべて
みよう！

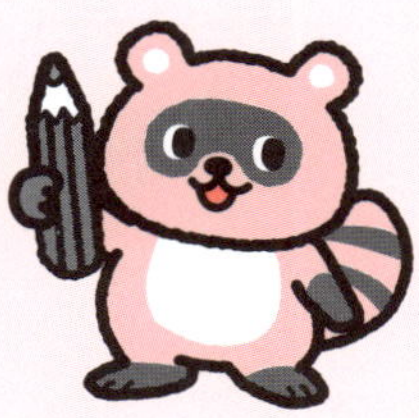

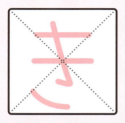

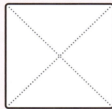

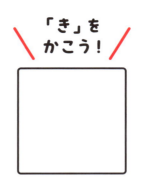

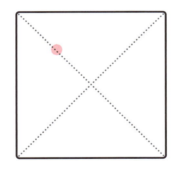

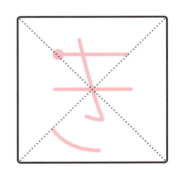

「く」をかこう！

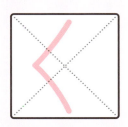

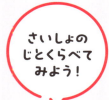

く

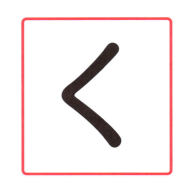

かきかたをおぼえよう！

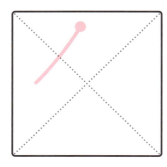

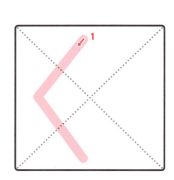

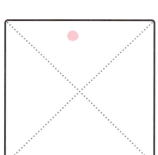

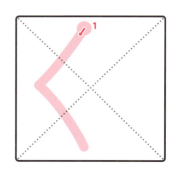

れんしゅう

さいしょの
じとくらべて
みよう！

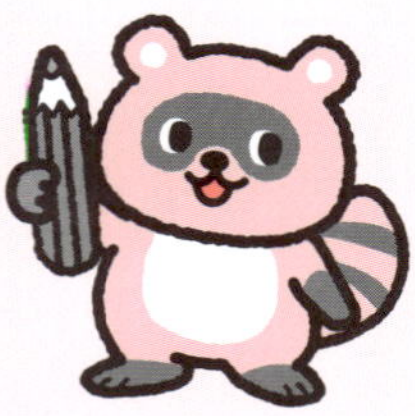

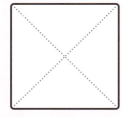

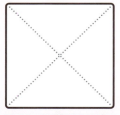

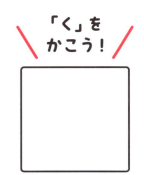

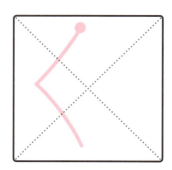

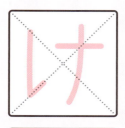

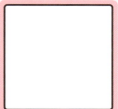

れんしゅう

「け」を
かこう!

け

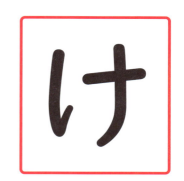

かきかたをおぼえよう!

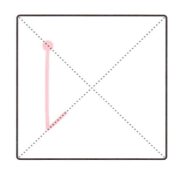

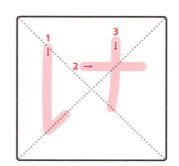

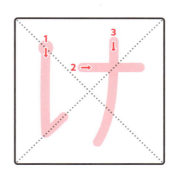

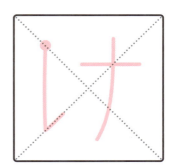

さいしょの
じとくらべて
みよう!

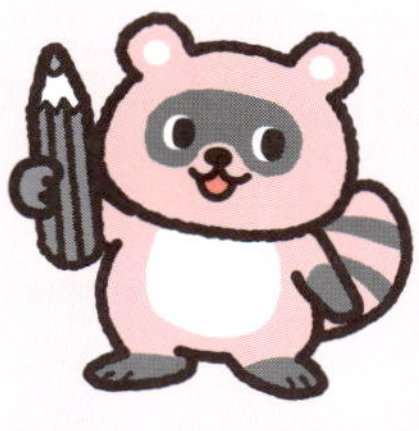

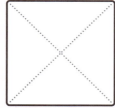

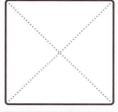

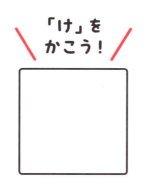

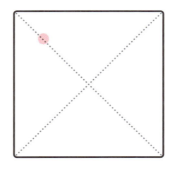

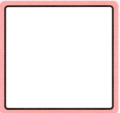

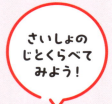

れんしゅう

「こ」を
かこう!

こ

かきかたをおぼえよう!

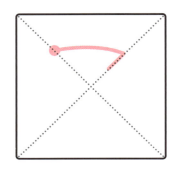

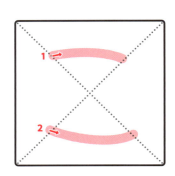

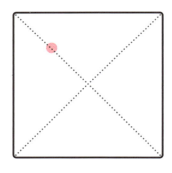

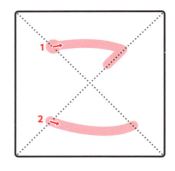

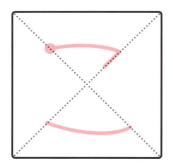

さいしょの
じとくらべて
みよう!

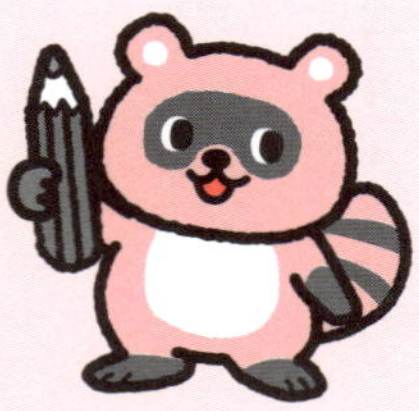

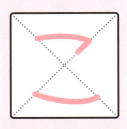

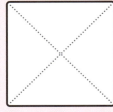

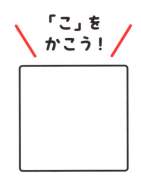

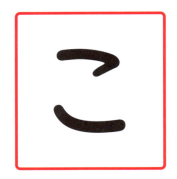

か行《ぎょう》のれんしゅう

か　き　く　け　こ

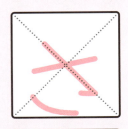

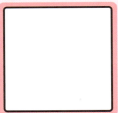

れんしゅう

「さ」を
かこう！

さ

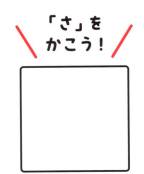

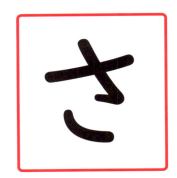

かきかたをおぼえよう！

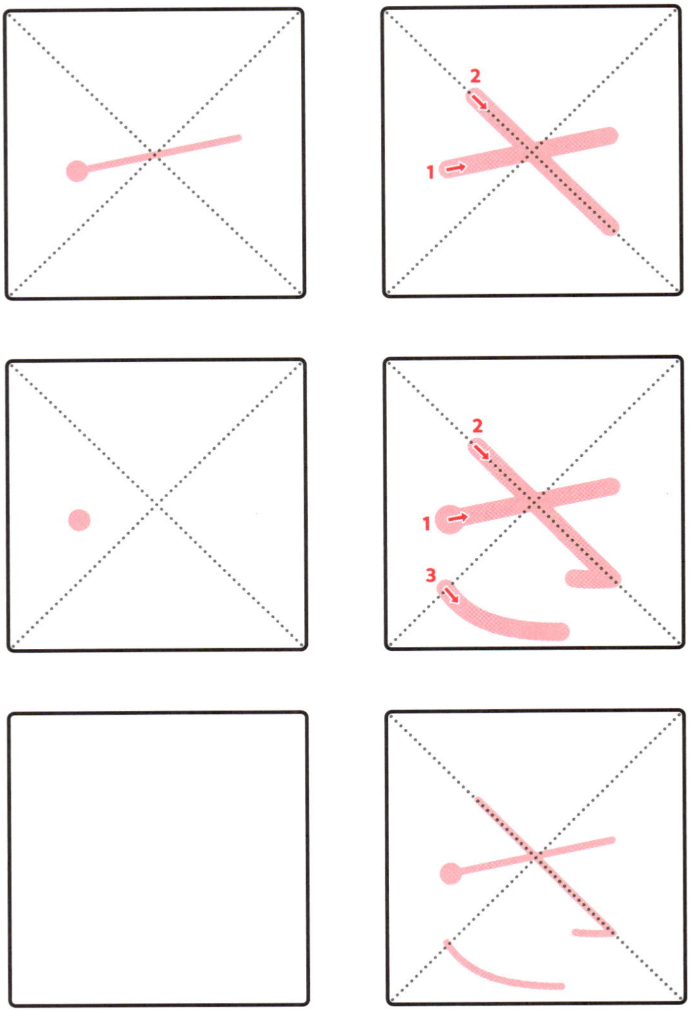

さいしょの
じとくらべて
みよう！

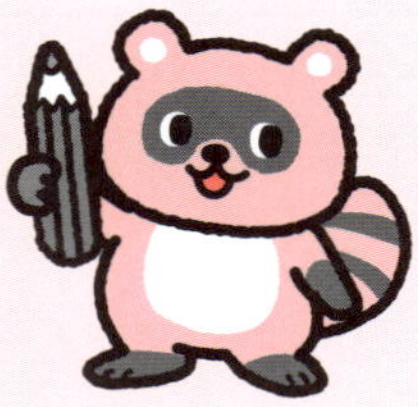

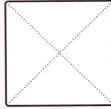

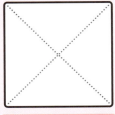

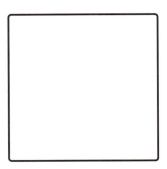

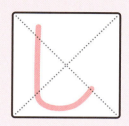

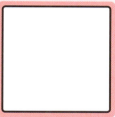

れんしゅう

「し」を
かこう!

し

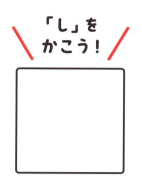

かきかたをおぼえよう!

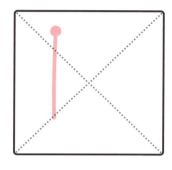

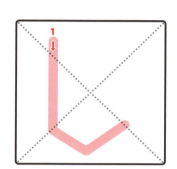

1

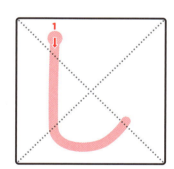

1

さいしょの
じとくらべて
みよう!

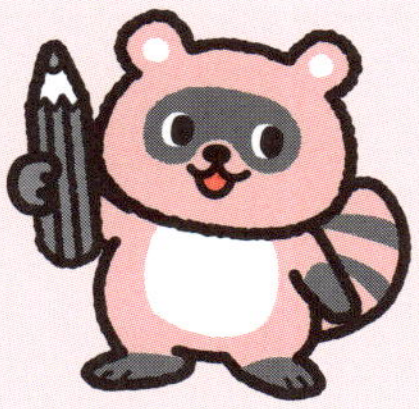

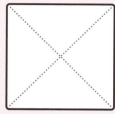

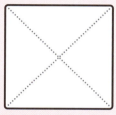

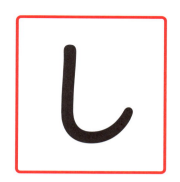

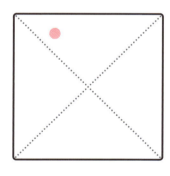

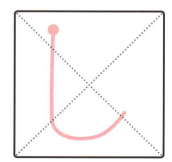

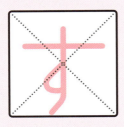

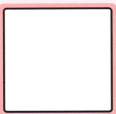

れんしゅう

「す」を
かこう!

す

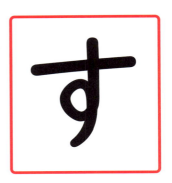

かきかたをおぼえよう!

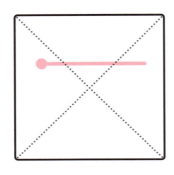

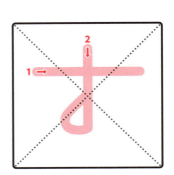

1 2

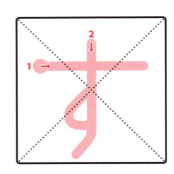

1 2

さいしょの
じとくらべて
みよう!

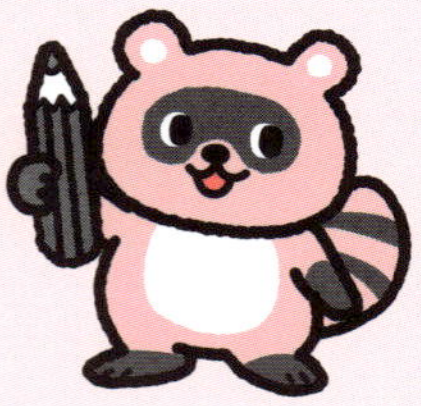

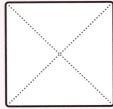

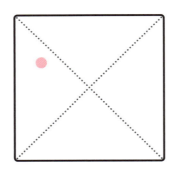

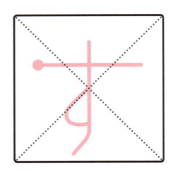

「せ」をかこう！

せ

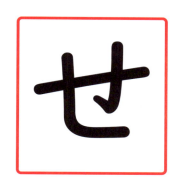

かきかたをおぼえよう！

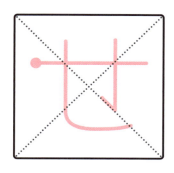

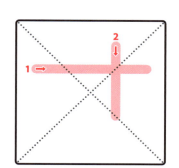

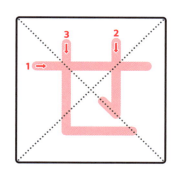

れんしゅう

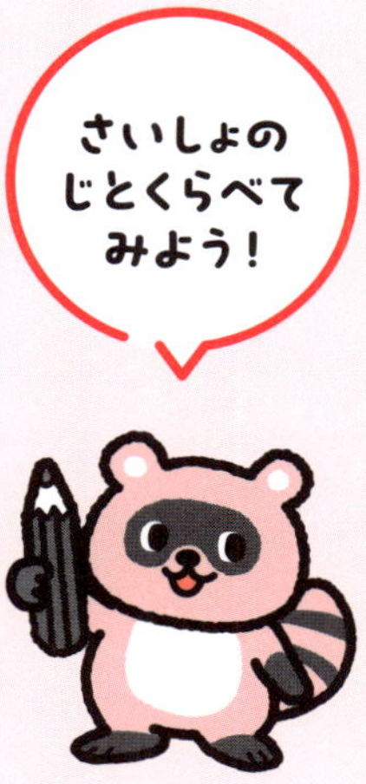

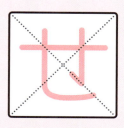

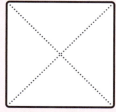

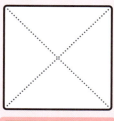

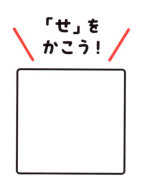

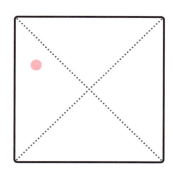

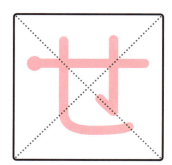

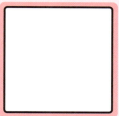

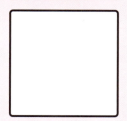

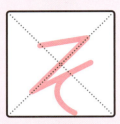

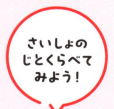

れんしゅう

「そ」をかこう!

そ

かきかたをおぼえよう!

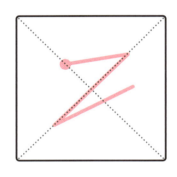

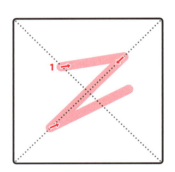

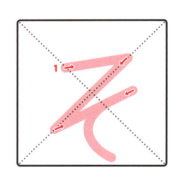

さいしょの
じとくらべて
みよう!

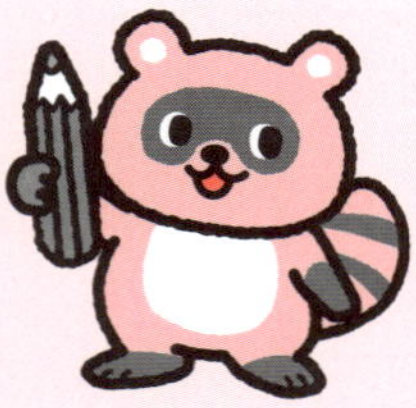

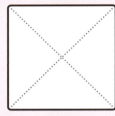

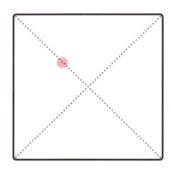

さ行《ぎょう》のれんしゅう

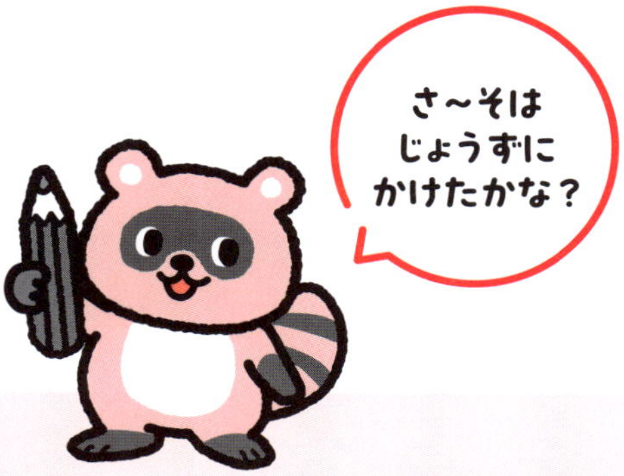

さ　し　す　せ　そ

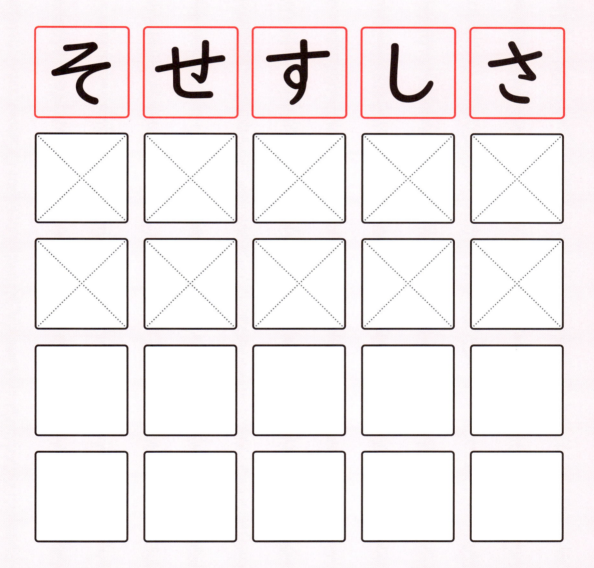

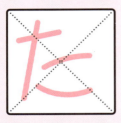

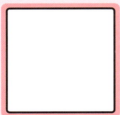

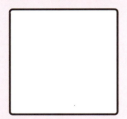

れんしゅう

「た」を
かこう！

た

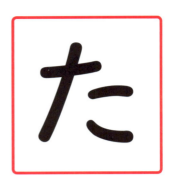

かきかたをおぼえよう！

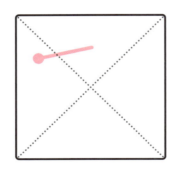

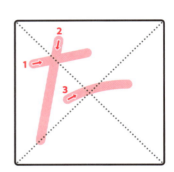

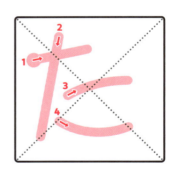

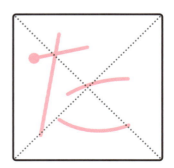

さいしょの
じとくらべて
みよう！

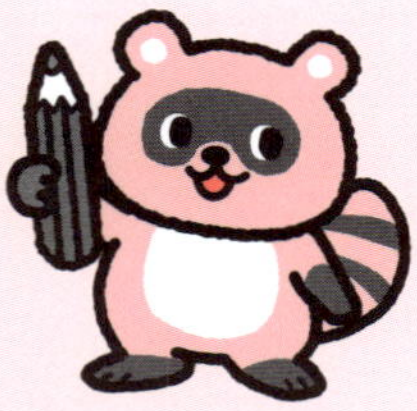

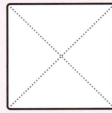

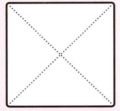

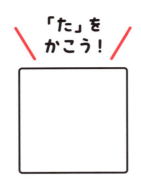

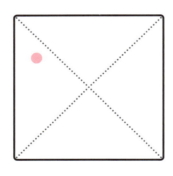

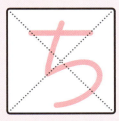

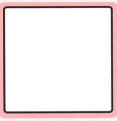

れんしゅう

「ち」を
かこう！

ち

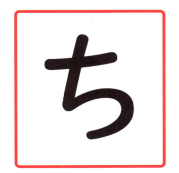

かきかたをおぼえよう！

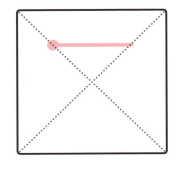

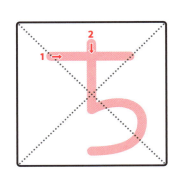

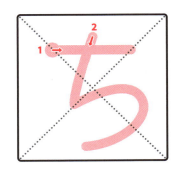

さいしょの
じとくらべて
みよう！

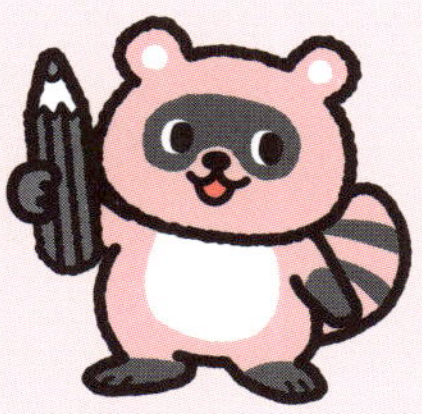

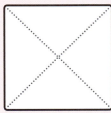

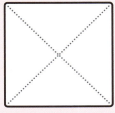

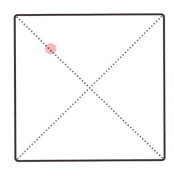

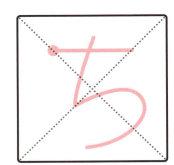

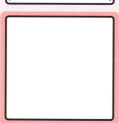

れんしゅう

「つ」を
かこう！

つ

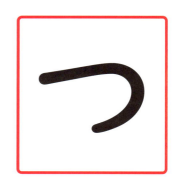

かきかたをおぼえよう！

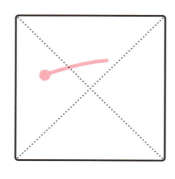

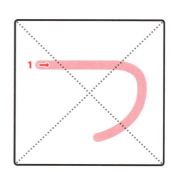

1

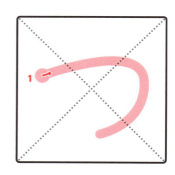

1

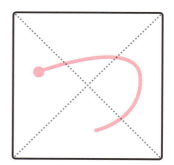

さいしょの
じとくらべて
みよう！

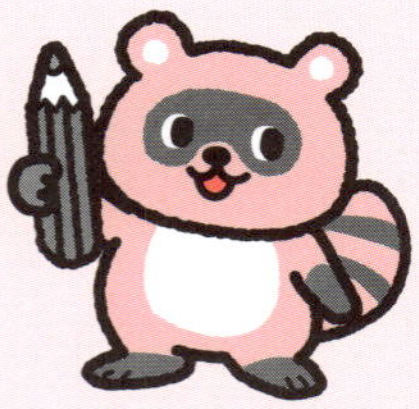

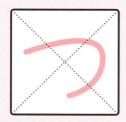

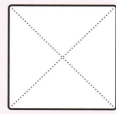

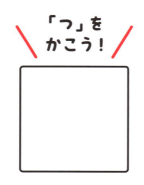

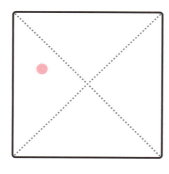

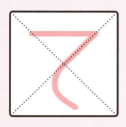

れんしゅう

「て」を
かこう！

て

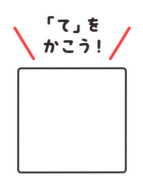

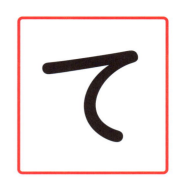

かきかたをおぼえよう！

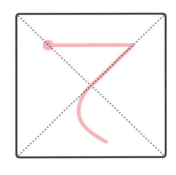

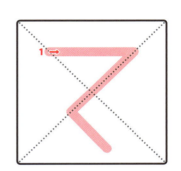

1

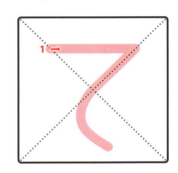

1

さいしょの
じとくらべて
みよう！

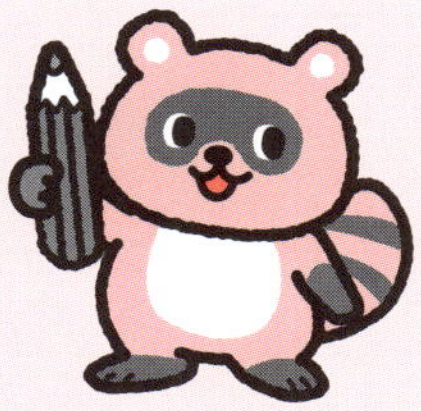

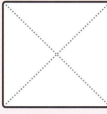

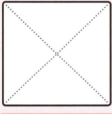

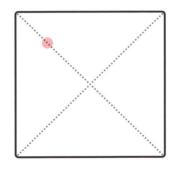

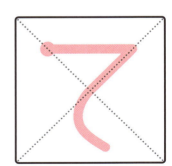

れんしゅう

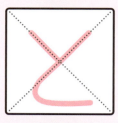

「と」を
かこう！

と

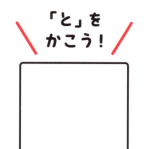

かきかたをおぼえよう！

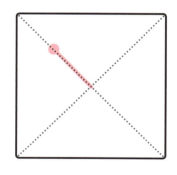

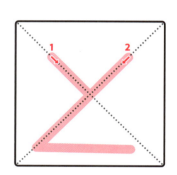

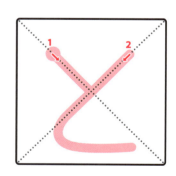

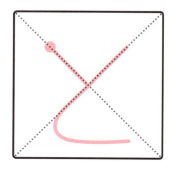

さいしょの
じとくらべて
みよう！

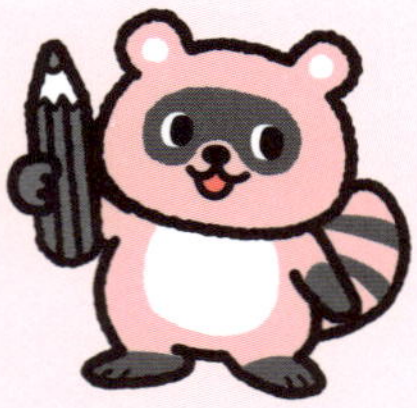

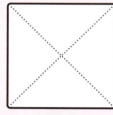

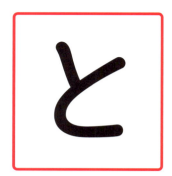

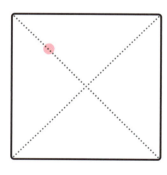

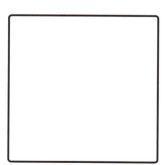

た行《ぎょう》のれんしゅう

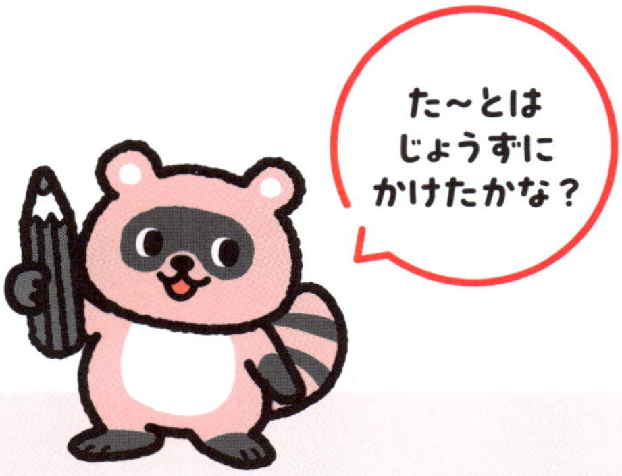

た ち つ て と

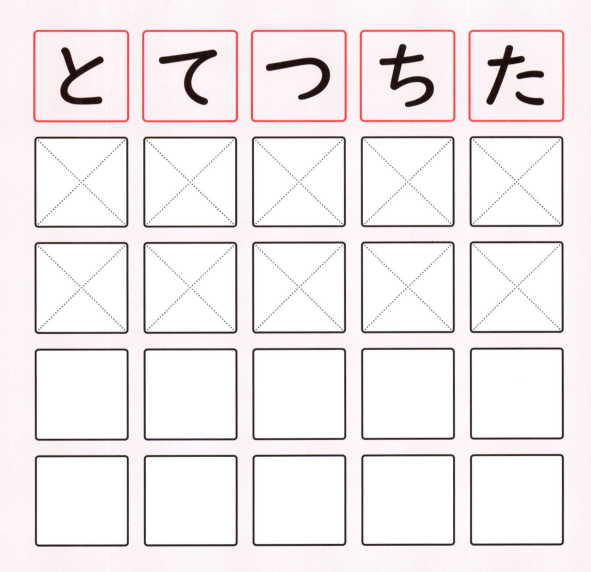

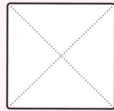

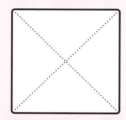

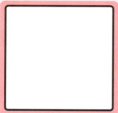

れんしゅう

「な」を
かこう！

な

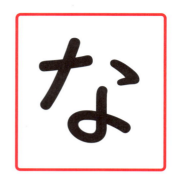

かきかたをおぼえよう！

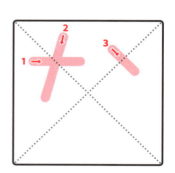

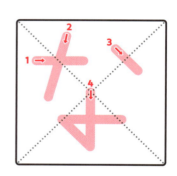

さいしょの
じとくらべて
みよう！

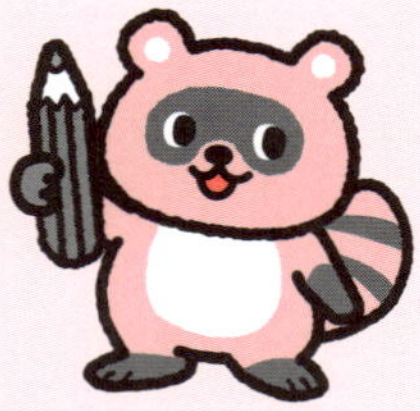

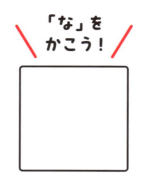

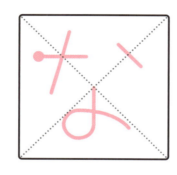

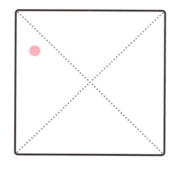

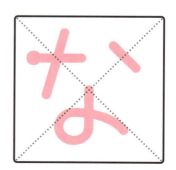

「に」をかこう!

に

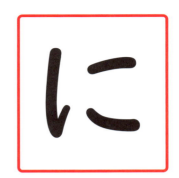

かきかたをおぼえよう!

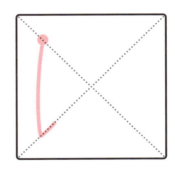

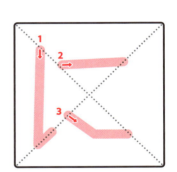

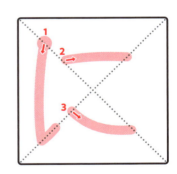

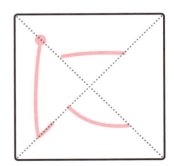

れんしゅう

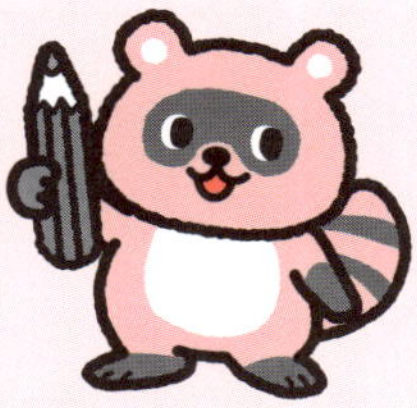

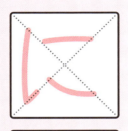

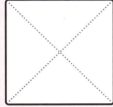

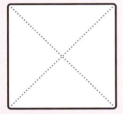

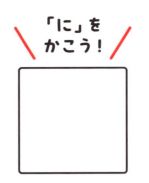

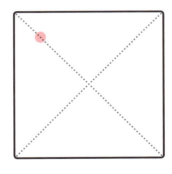

れんしゅう

「ぬ」をかこう！

ぬ

かきかたをおぼえよう！

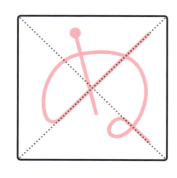

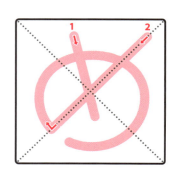

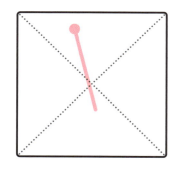

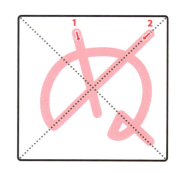

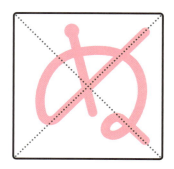

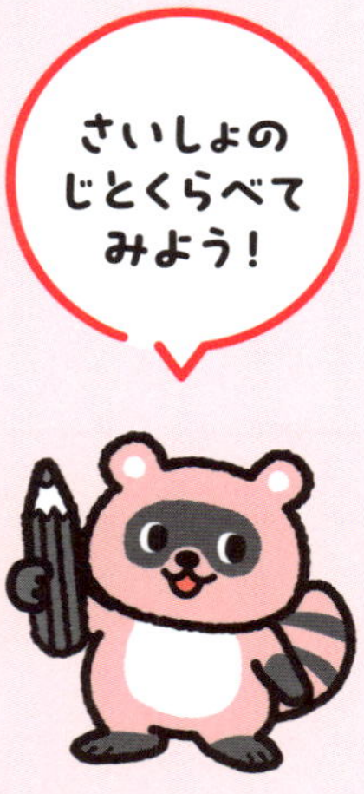

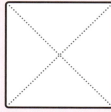

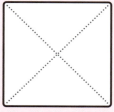

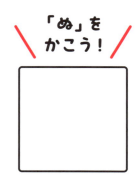

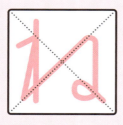

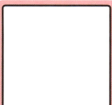

れんしゅう

「ね」を
かこう！

ね

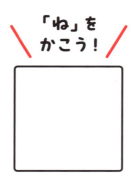

かきかたをおぼえよう！

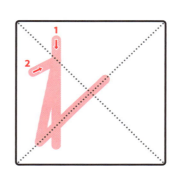

1
2

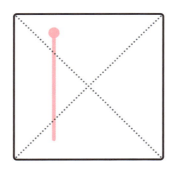

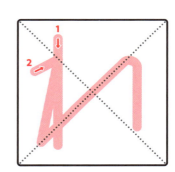

1
2

さいしょの
じとくらべて
みよう！

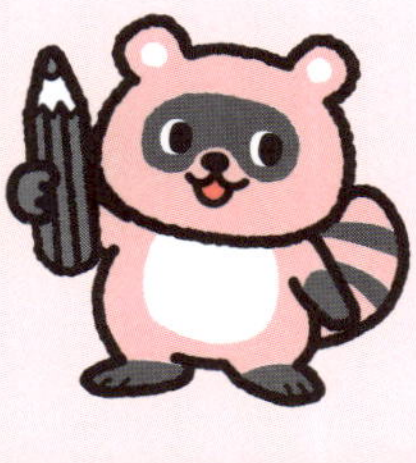

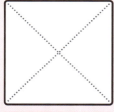

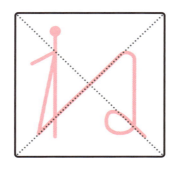

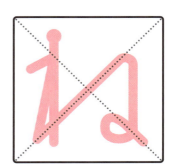

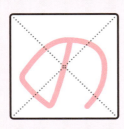

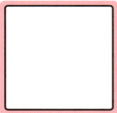

れんしゅう

「の」を
かこう！

の

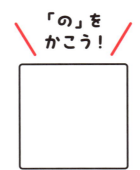

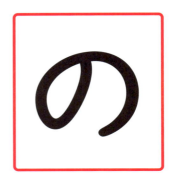

かきかたをおぼえよう！

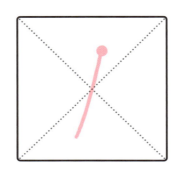

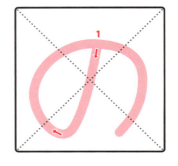

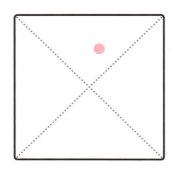

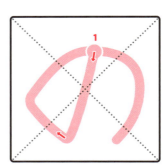

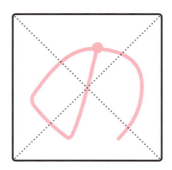

さいしょの
じとくらべて
みよう！

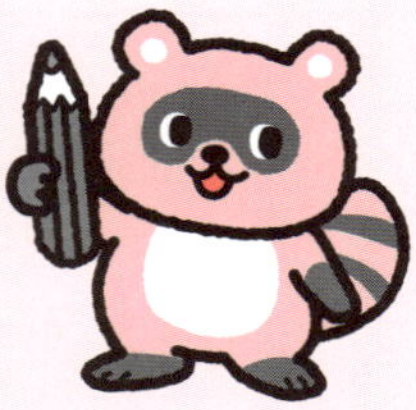

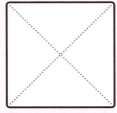

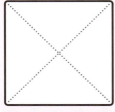

な行《ぎょう》のれんしゅう

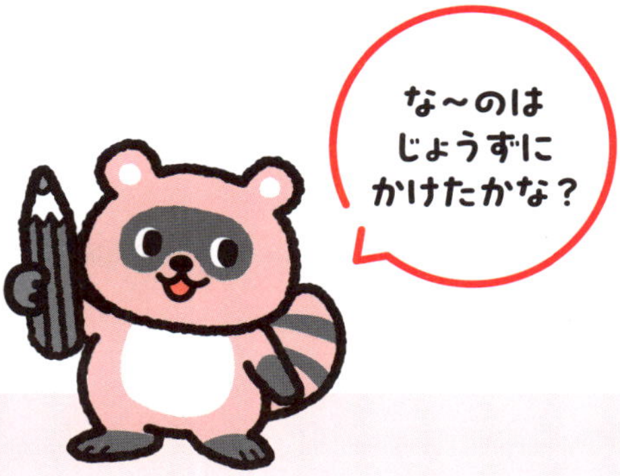
な～のは
じょうずに
かけたかな？

な　に　ぬ　ね　の

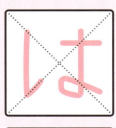

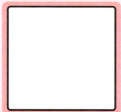

れんしゅう

「は」を
かこう！

は

かきかたをおぼえよう！

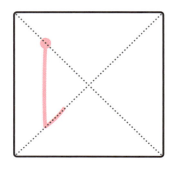

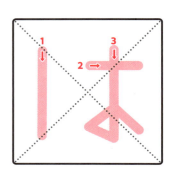

1 2 3

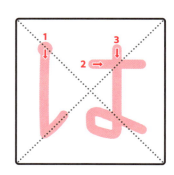

1 2 3

さいしょの
じとくらべて
みよう！

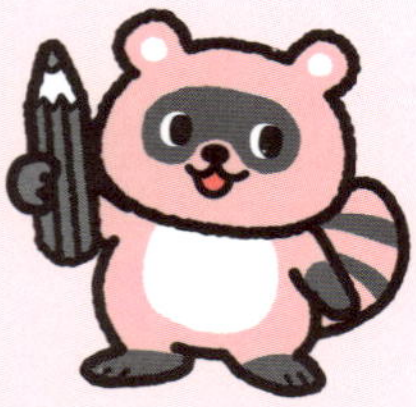

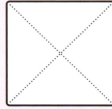

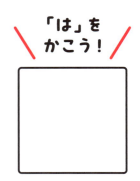

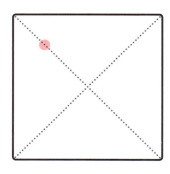

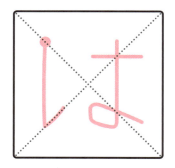

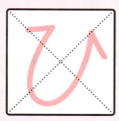

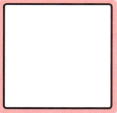

れんしゅう

「ひ」を
かこう!

ひ

かきかたをおぼえよう!

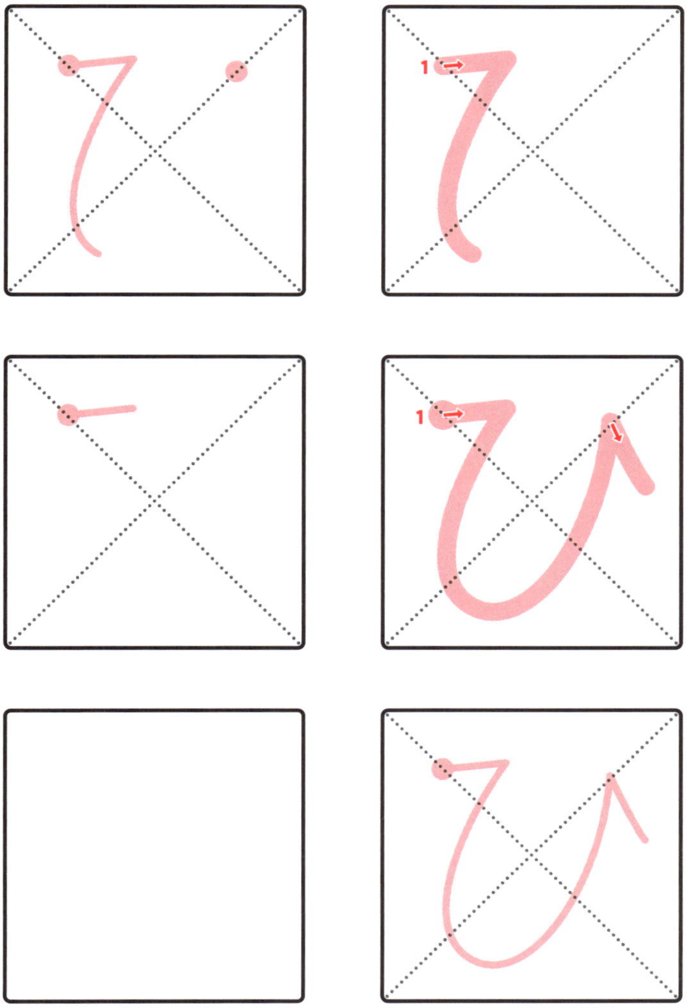

さいしょの
じとくらべて
みよう!

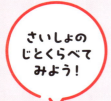

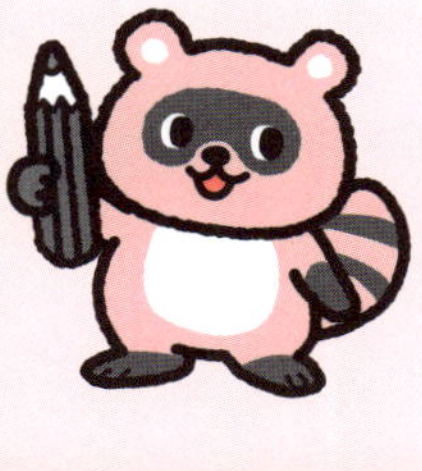

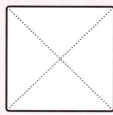

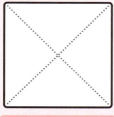

ふ

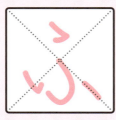

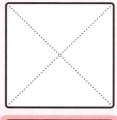

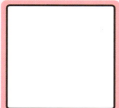

「ふ」を
かこう！

かきかたを おぼえよう！

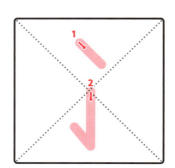

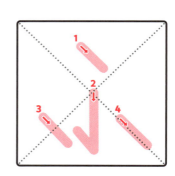

れんしゅう

さいしょの
じと くらべて
みよう！

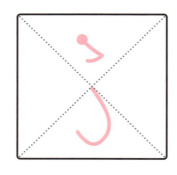

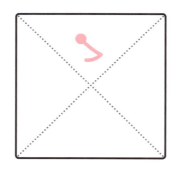

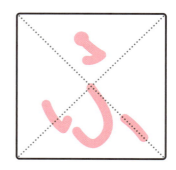

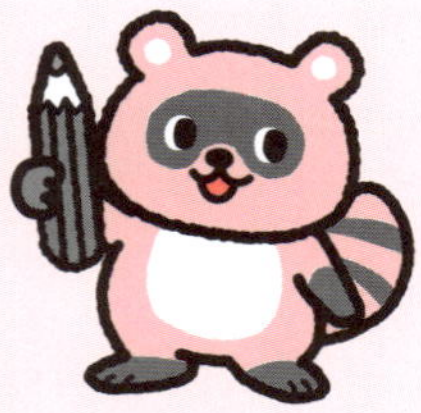

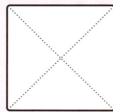

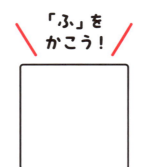

「へ」をかこう！

へ

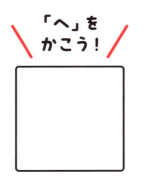

かきかたを おぼえよう！

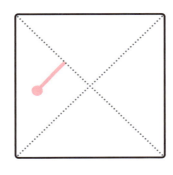

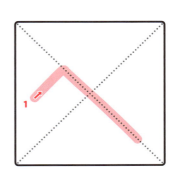

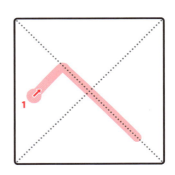

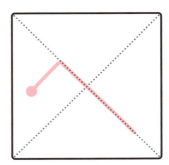

れんしゅう

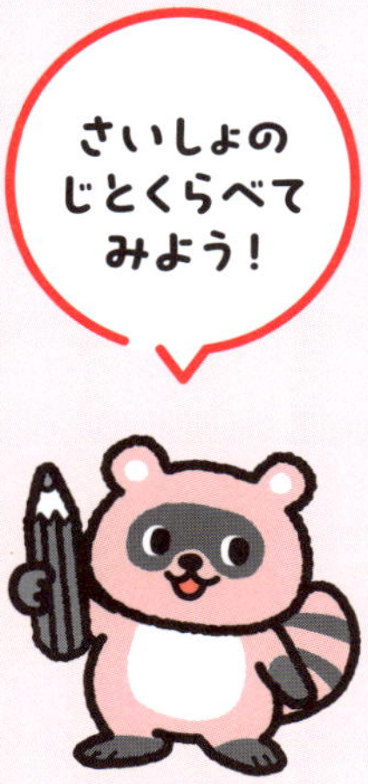

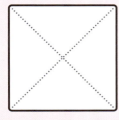

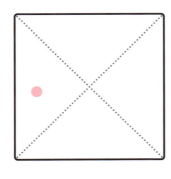

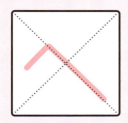

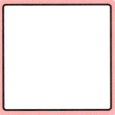

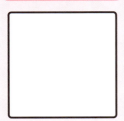

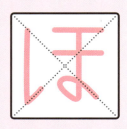

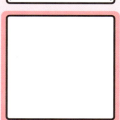

れんしゅう

「ほ」を
かこう！

ほ

かきかたをおぼえよう！

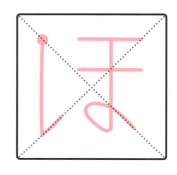

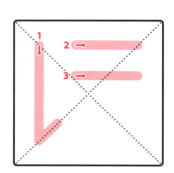

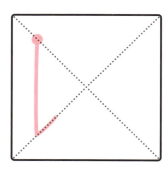

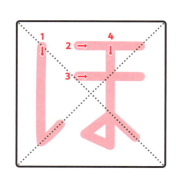

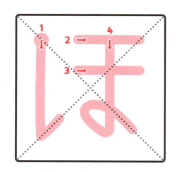

さいしょの
じとくらべて
みよう！

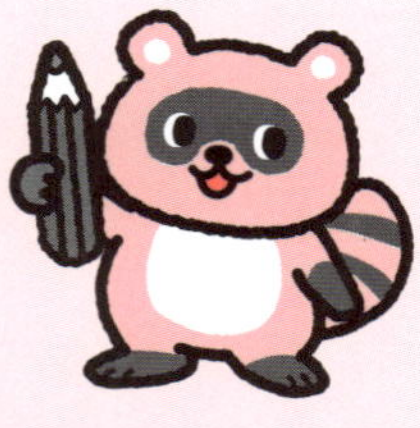

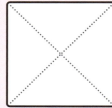

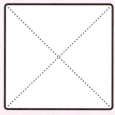

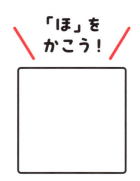

は行《ぎょう》のれんしゅう

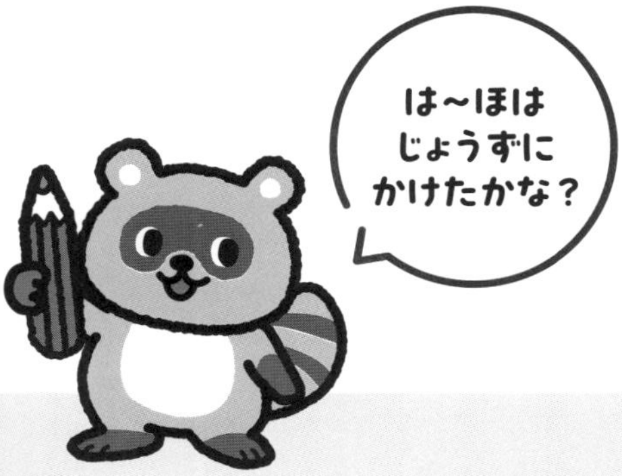

ほ	へ	ふ	ひ	は

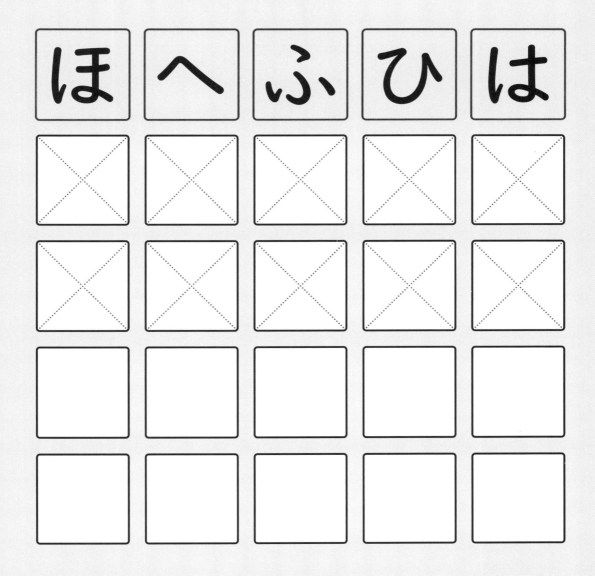

「ま」を
かこう！

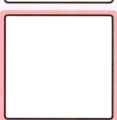

ま

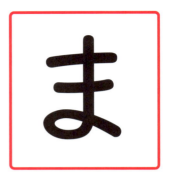

かきかたをおぼえよう！

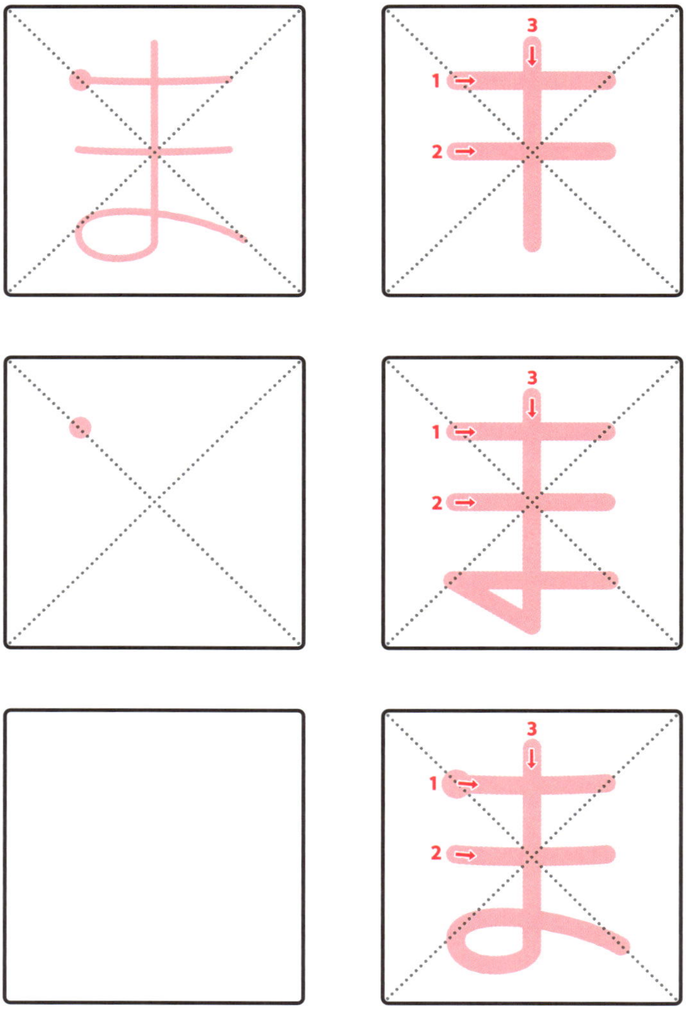

れんしゅう

さいしょの
じとくらべて
みよう！

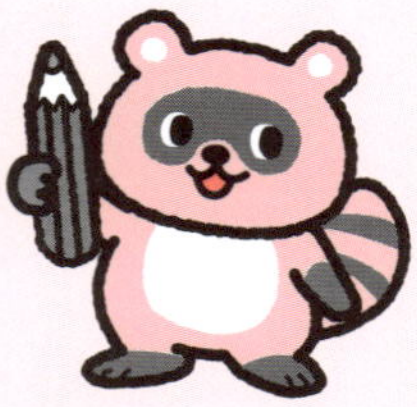

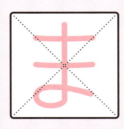

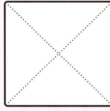

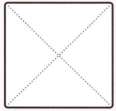

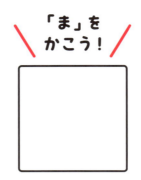

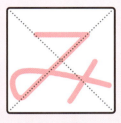

れんしゅう

「み」を
かこう！

み

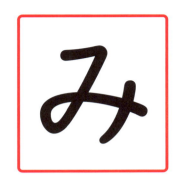

かきかたをおぼえよう！

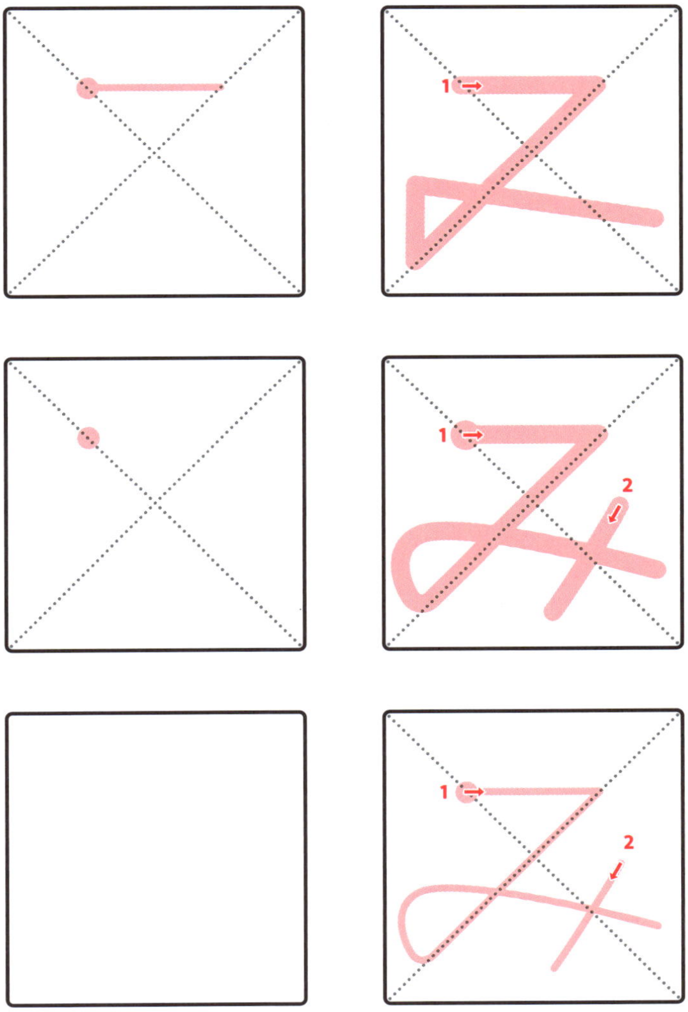

さいしょの
じとくらべて
みよう！

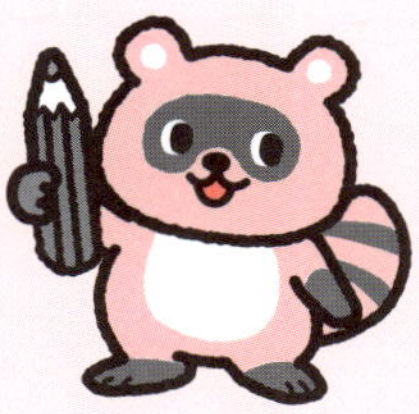

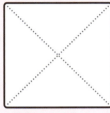

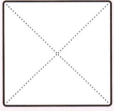

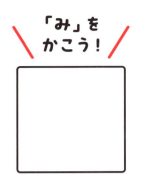

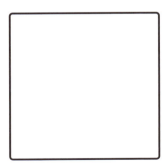

れんしゅう

む

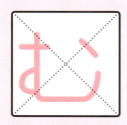

「む」を
かこう！

む

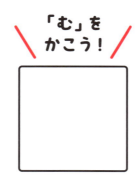

かきかたをおぼえよう！

む

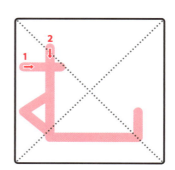

1 2

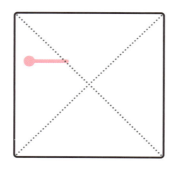

一

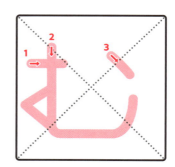

1 2 3

む

さいしょの
じとくらべて
みよう！

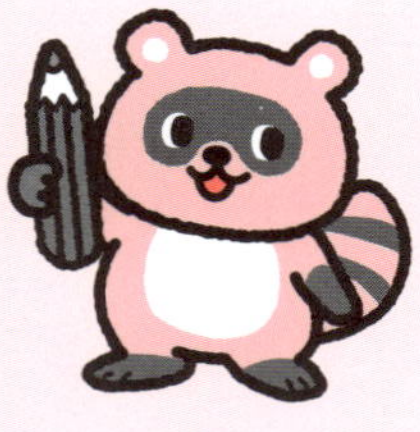

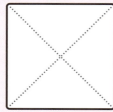

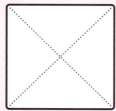

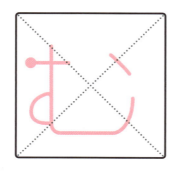

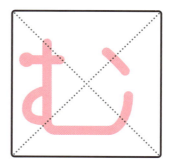

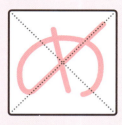

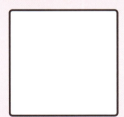

れんしゅう

「め」をかこう！

め

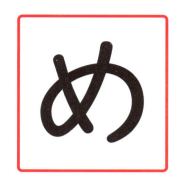

かきかたをおぼえよう！

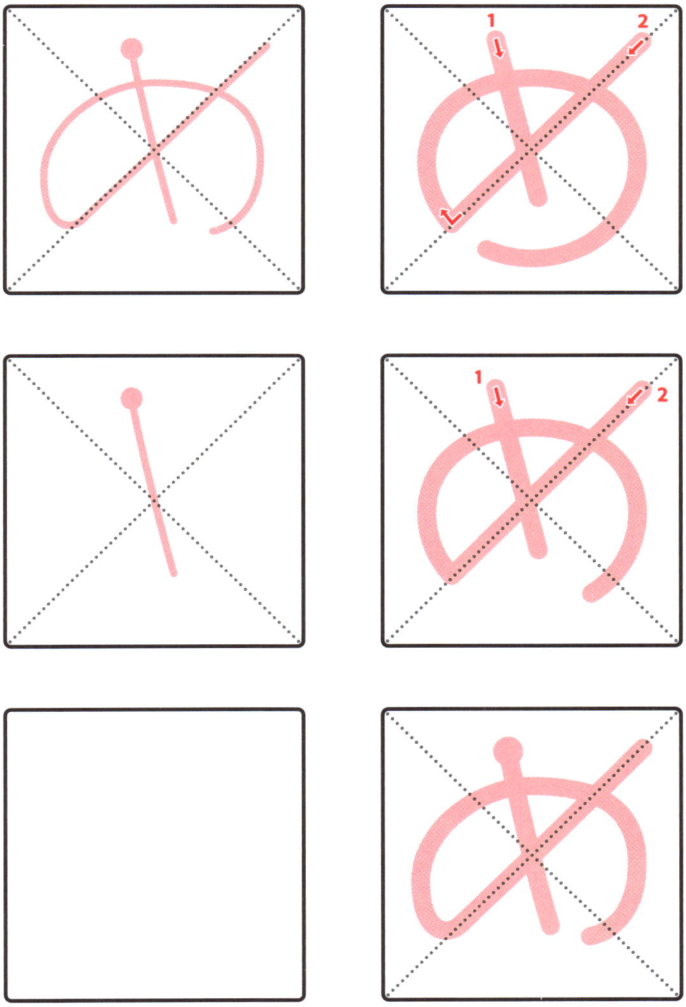

さいしょの
じとくらべて
みよう！

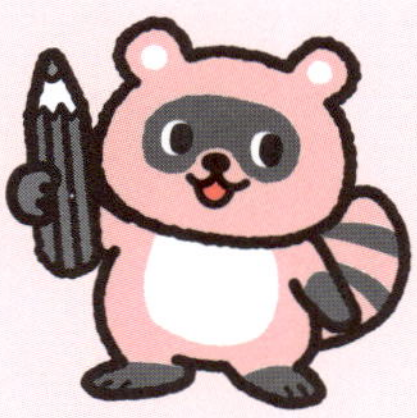

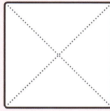

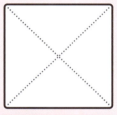

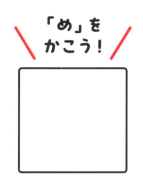

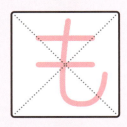

れんしゅう

「も」を
かこう!

も

かきかたをおぼえよう!

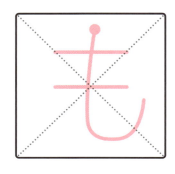

1
2
3

さいしょの
じとくらべて
みよう!

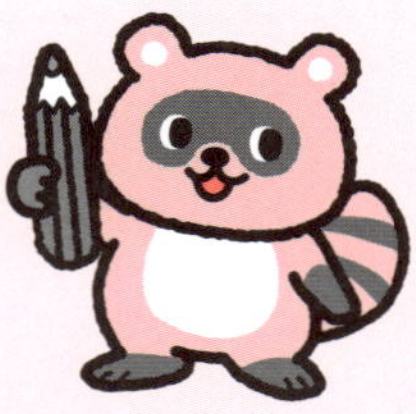

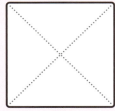

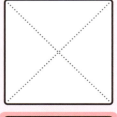

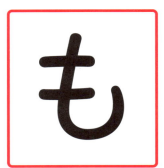

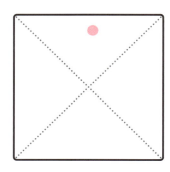

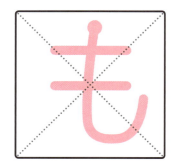

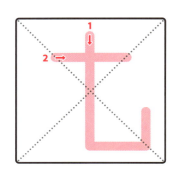

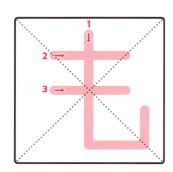

ま行《ぎょう》のれんしゅう

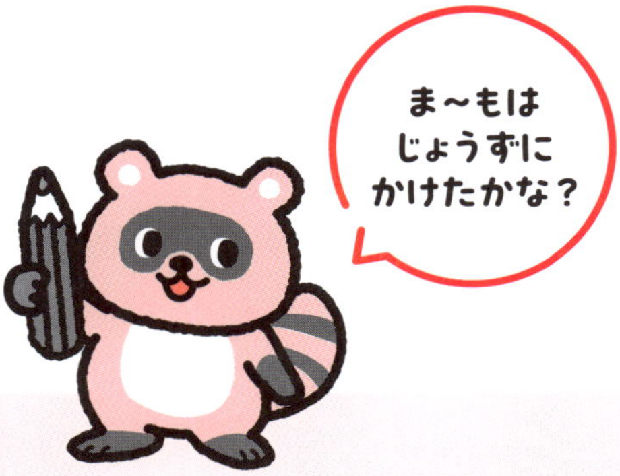
ま～もは
じょうずに
かけたかな？

ま み む め も

れんしゅう

「や」をかこう！

や

かきかたをおぼえよう！

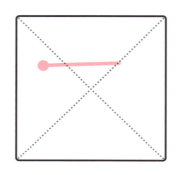

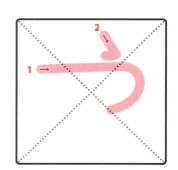

1 2

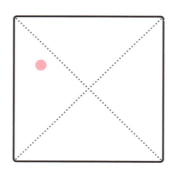

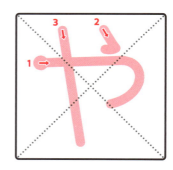

1 2 3

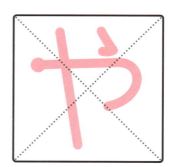

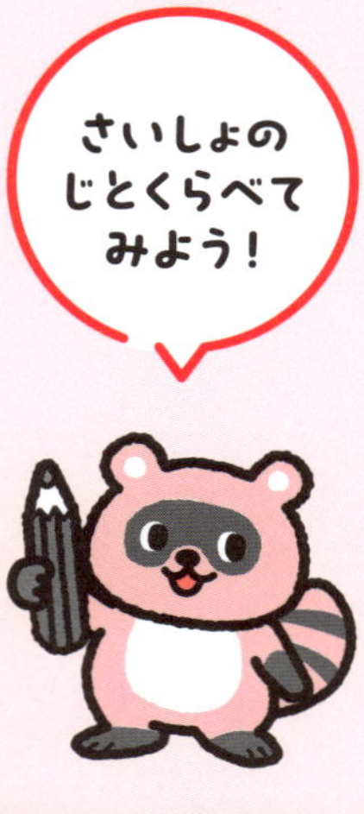

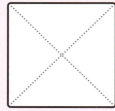

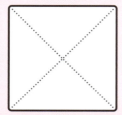

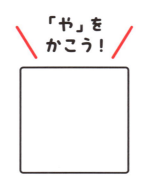

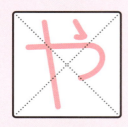

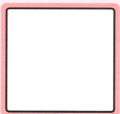

れんしゅう

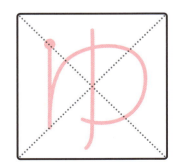

「ゆ」を
かこう！

ゆ

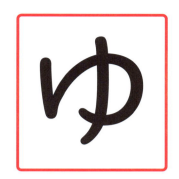

かきかたをおぼえよう！

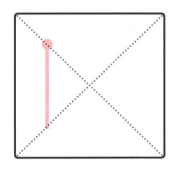

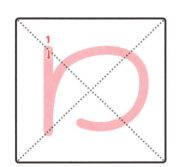

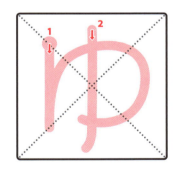

さいしょの
じとくらべて
みよう！

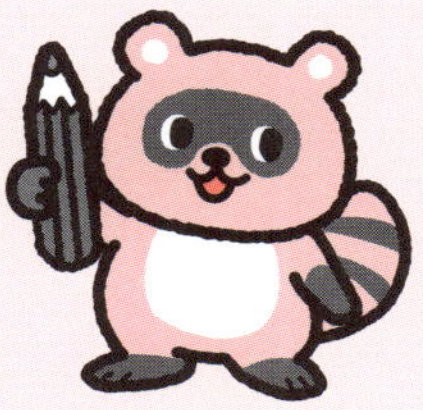

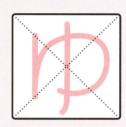

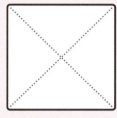

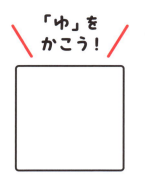

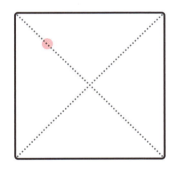

れんしゅう

「よ」を
かこう！

よ

かきかたをおぼえよう！

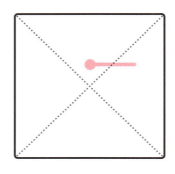

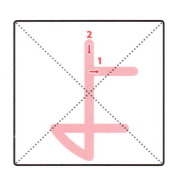

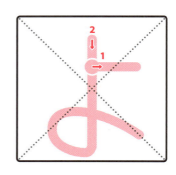

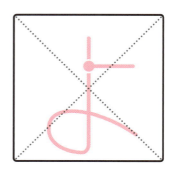

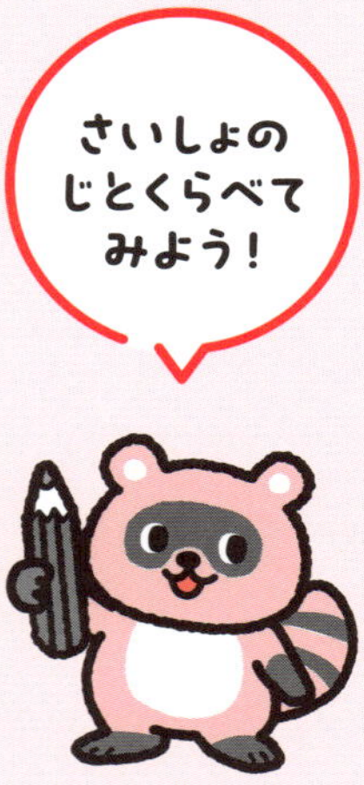

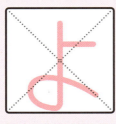

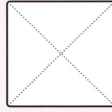

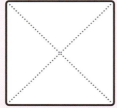

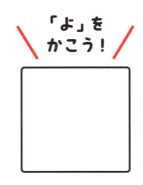

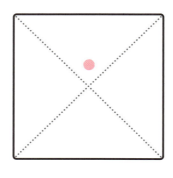

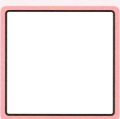

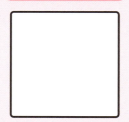

や行《ぎょう》の れんしゅう

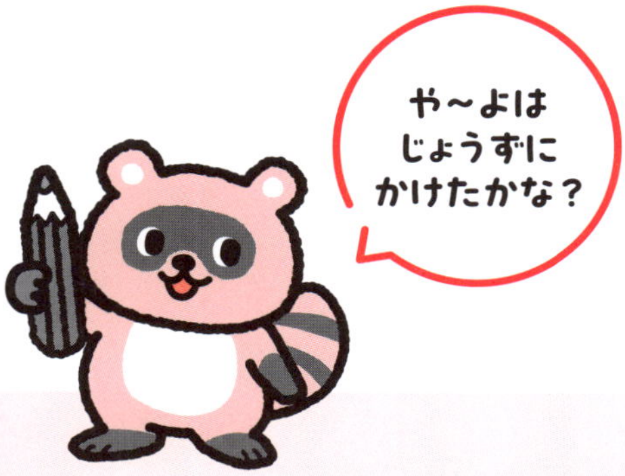

や

ゆ

よ

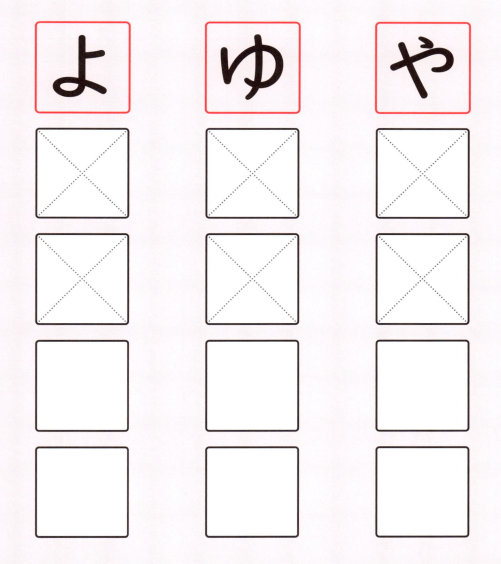

れんしゅう

「ら」を
かこう！

ら

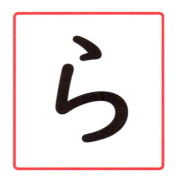

かきかたをおぼえよう！

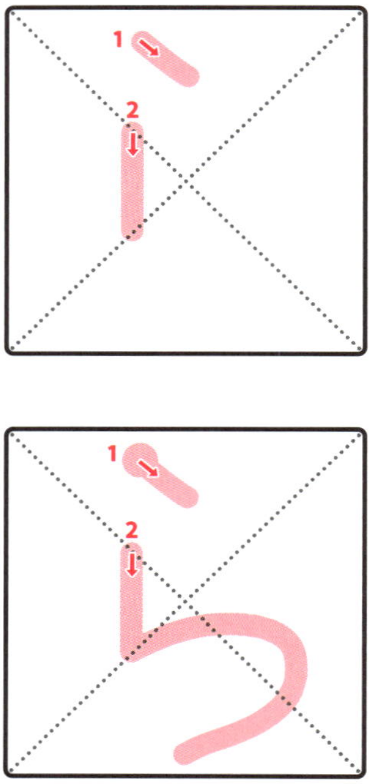

さいしょの
じとくらべて
みよう！

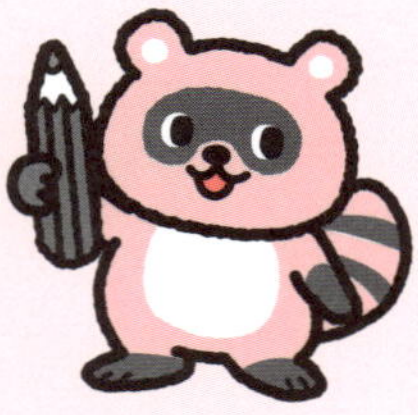

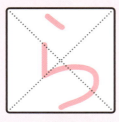

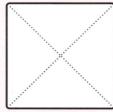

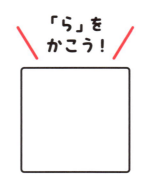

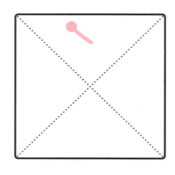

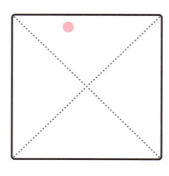

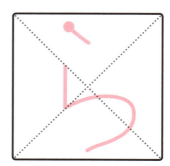

れんしゅう

「り」を
かこう！

り

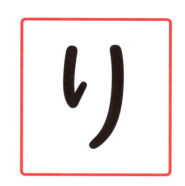

かきかたをおぼえよう！

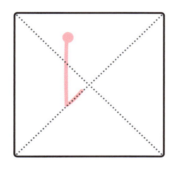

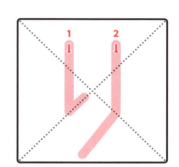

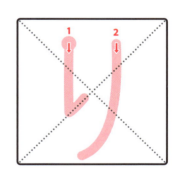

1 2

1 2

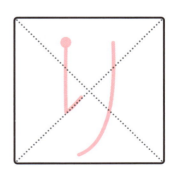

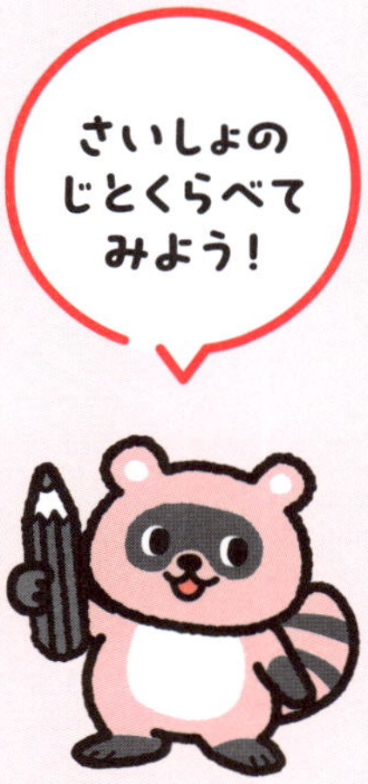

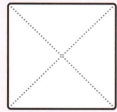

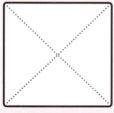

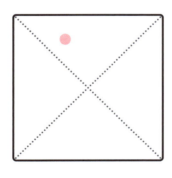

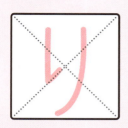

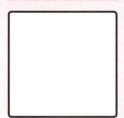

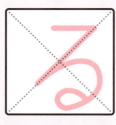

れんしゅう

「る」を
かこう！

る

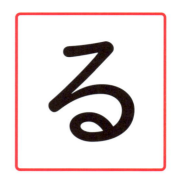

かきかたをおぼえよう！

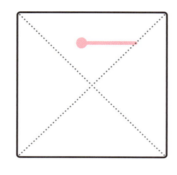

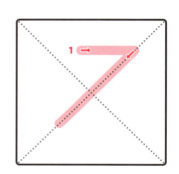

1

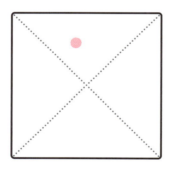

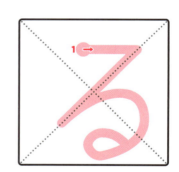

1

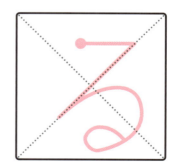

さいしょの
じとくらべて
みよう！

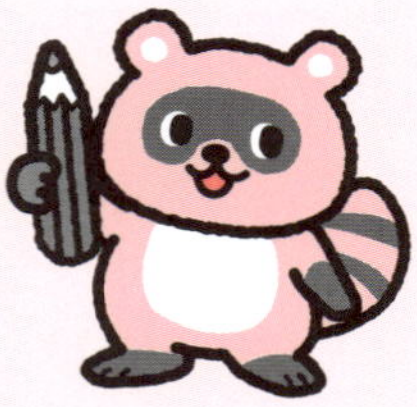

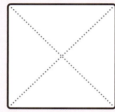

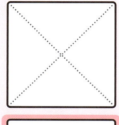

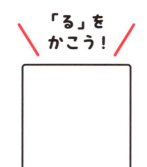

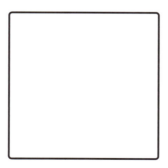

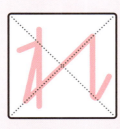

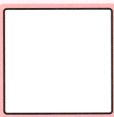

れんしゅう

「れ」をかこう！

れ

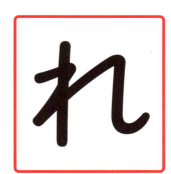

かきかたをおぼえよう！

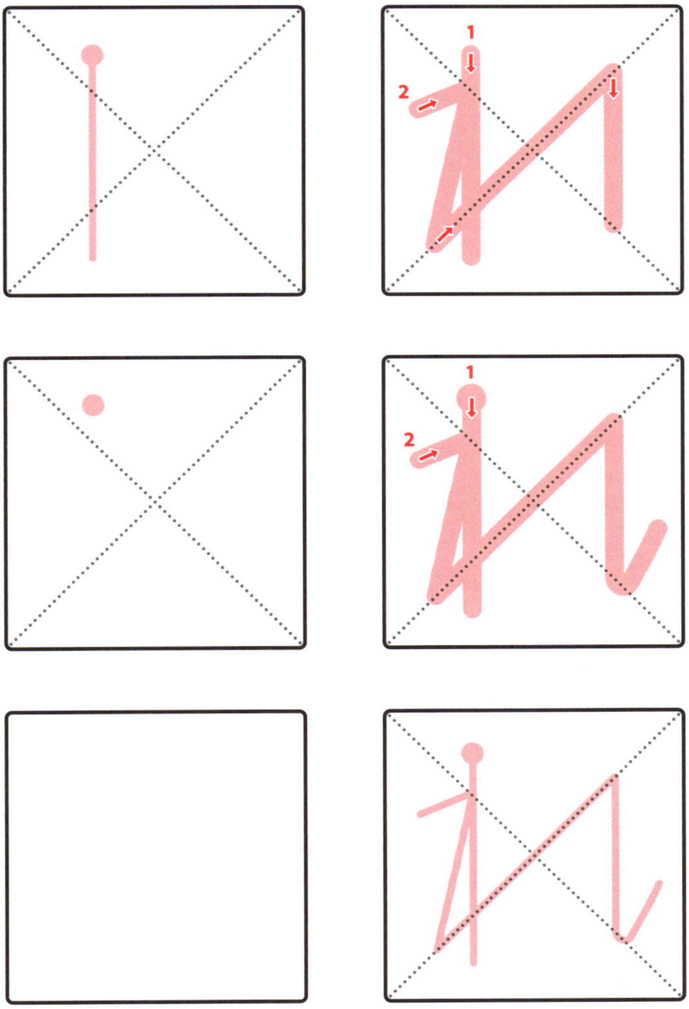

さいしょの
じとくらべて
みよう！

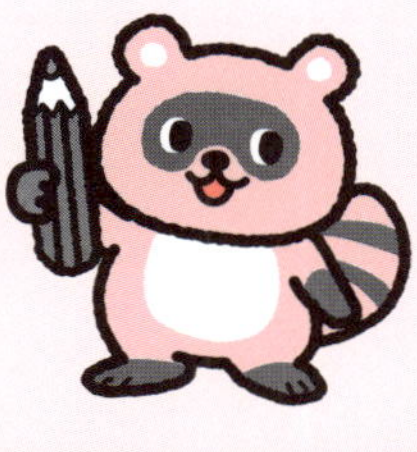

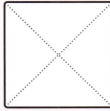

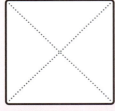

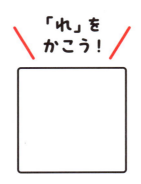

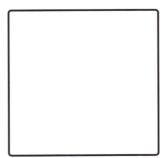

れんしゅう

「ろ」をかこう!

ろ

かきかたをおぼえよう!

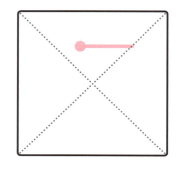

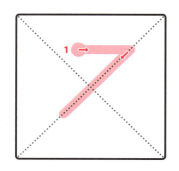

1

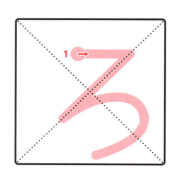

1

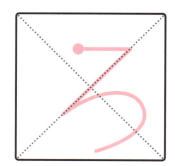

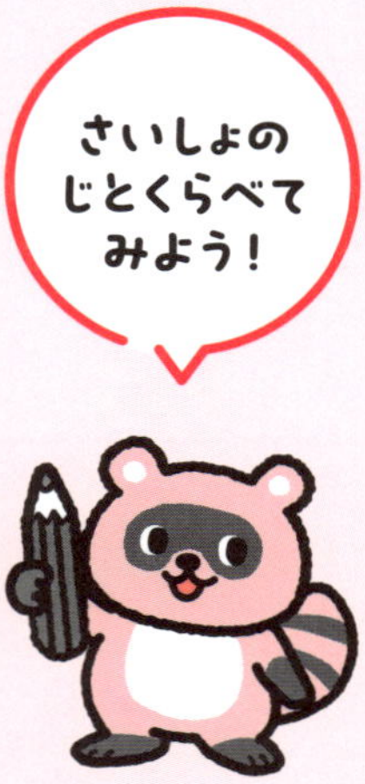

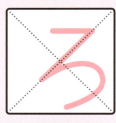

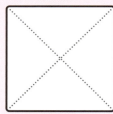

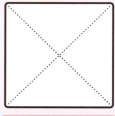

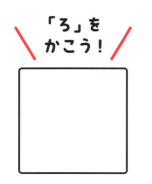

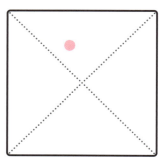

ら行《ぎょう》の れんしゅう

ら　り　る　れ　ろ

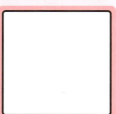

れんしゅう

「わ」を
かこう！

わ

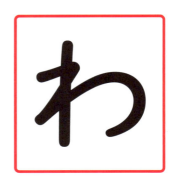

かきかたをおぼえよう！

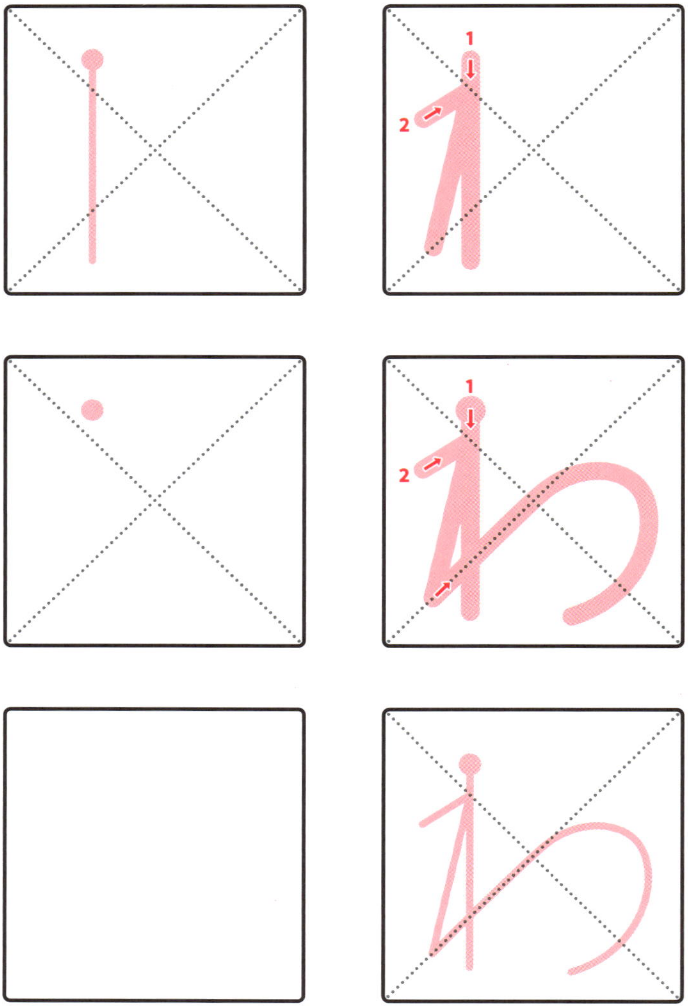

さいしょの
じとくらべて
みよう！

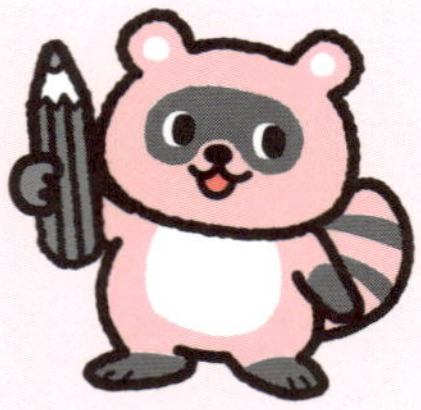

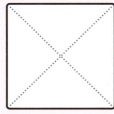

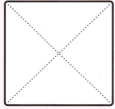

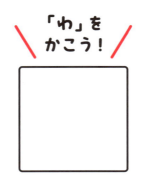

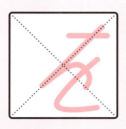

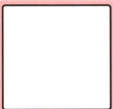

れんしゅう

「を」を
かこう！

を

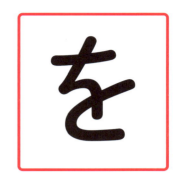

かきかたをおぼえよう！

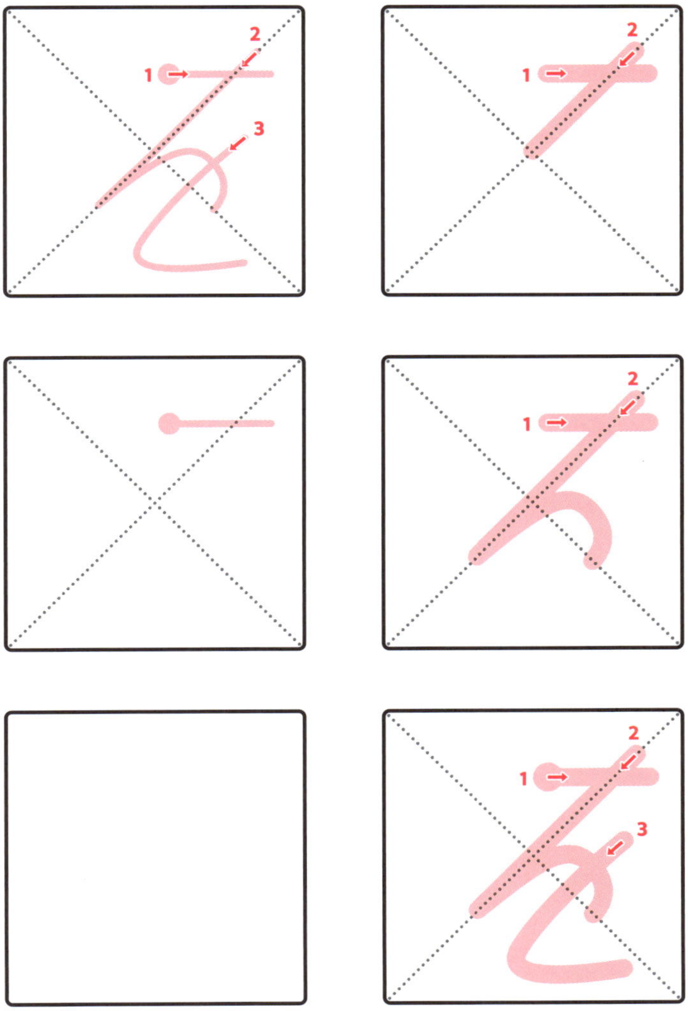

さいしょの
じとくらべて
みよう！

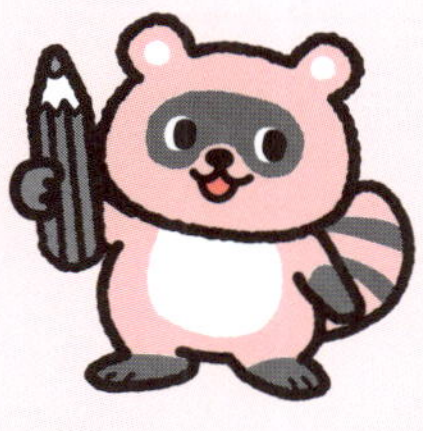

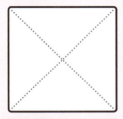

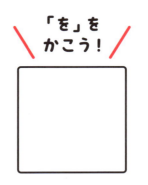

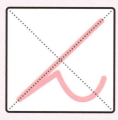

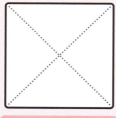

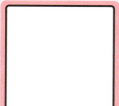

れんしゅう

「ん」を
かこう!

ん

かきかたをおぼえよう!

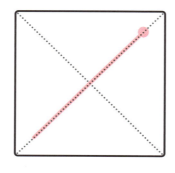

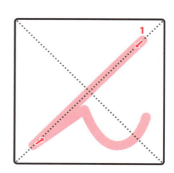

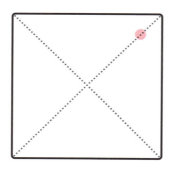

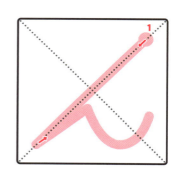

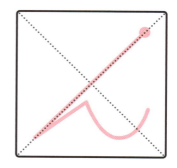

さいしょの
じとくらべて
みよう!

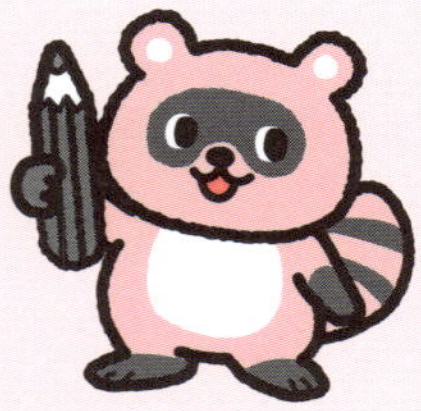

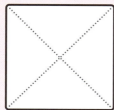

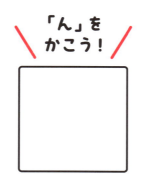

わ行《ぎょう》とんのれんしゅう

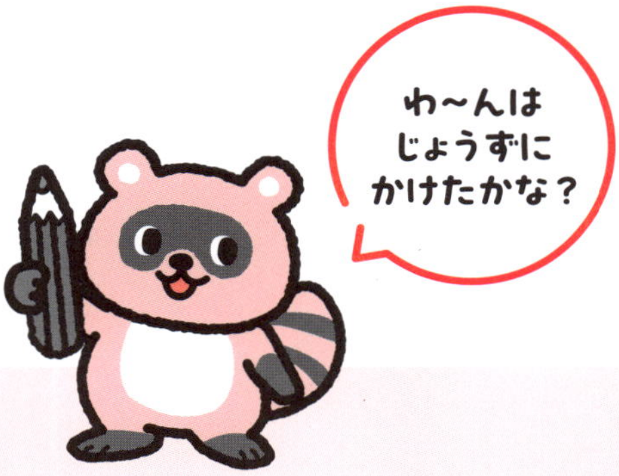

わ

を

ん

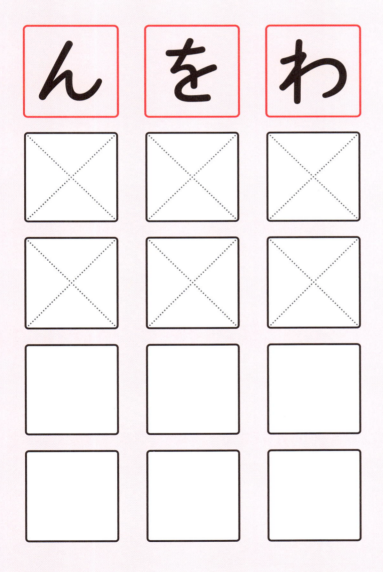

かいてみよう!

いぬとあそぶ

えんそく

はれのちあめ

つみきのおうち

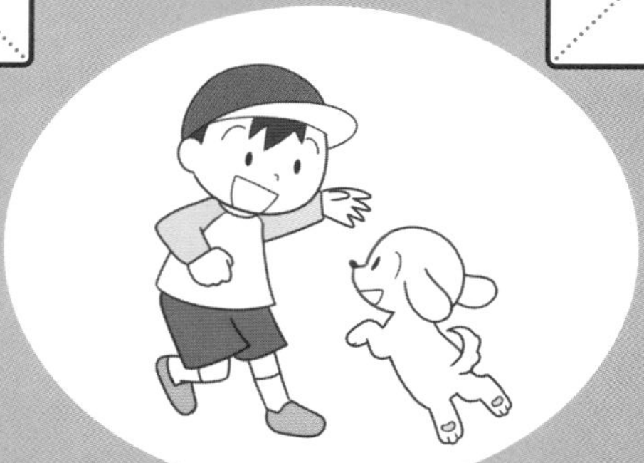

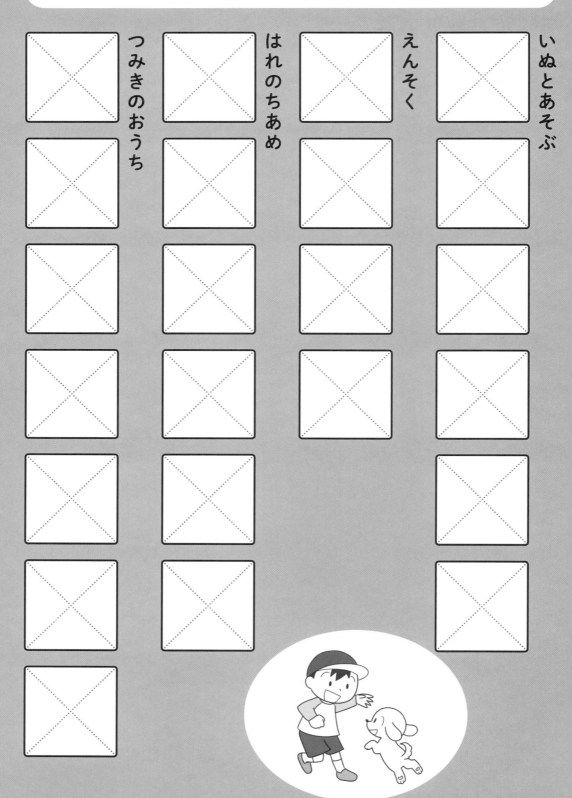

カタカナ

文字《もじ》のはじまるところ、
線《せん》のながさ、向《む》きにちゅういして、
ななめマスをつかって
かいてみよう。

れんしゅう

「ア」を
かこう！

ア

かきかたをおぼえよう！

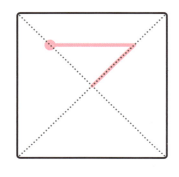

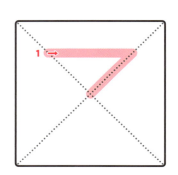

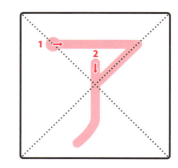

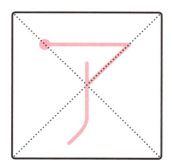

さいしょの
じとくらべて
みよう！

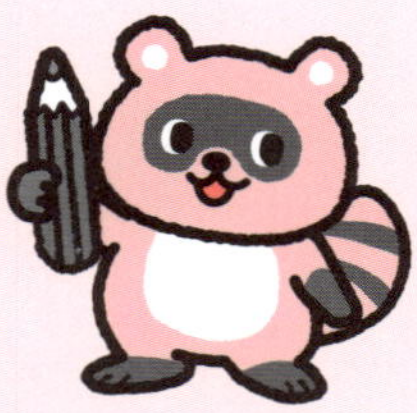

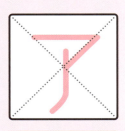

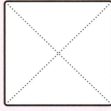

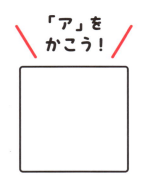

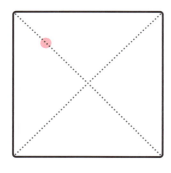

れんしゅう

「イ」をかこう！

イ

かきかたをおぼえよう！

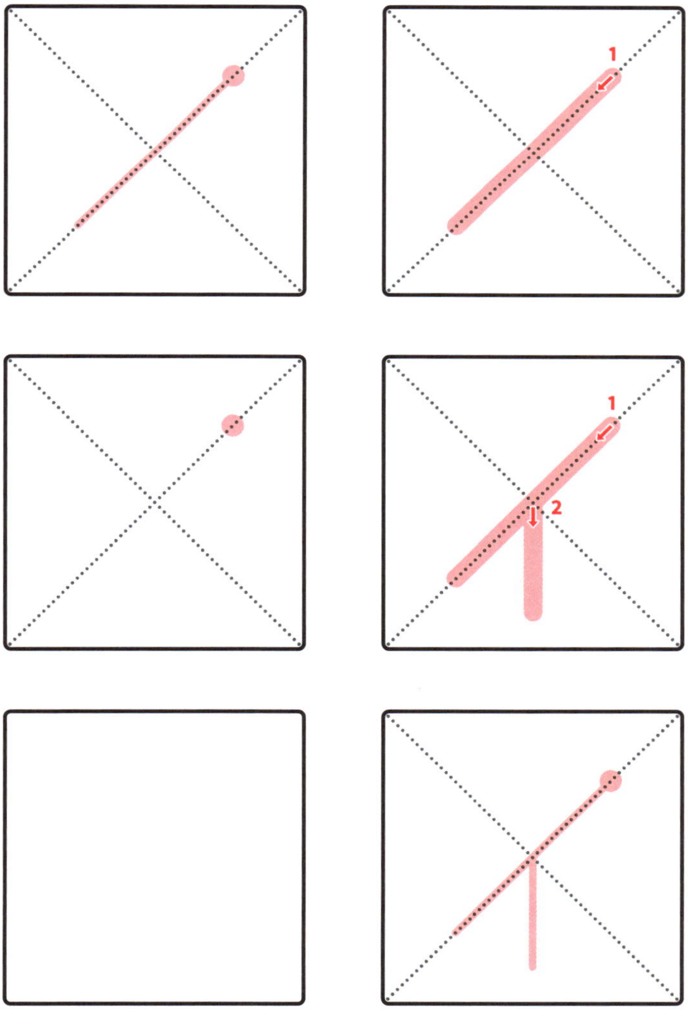

さいしょの
じとくらべて
みよう！

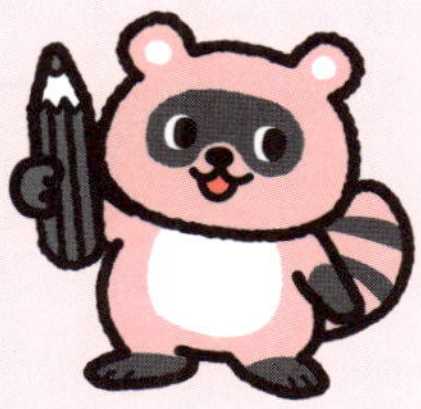

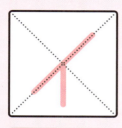

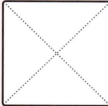

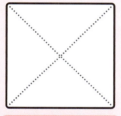

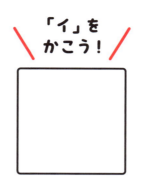

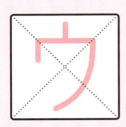

れんしゅう

「ウ」を
かこう！

ウ

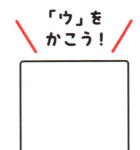

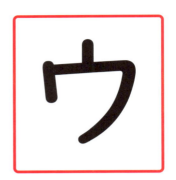

かきかたをおぼえよう！

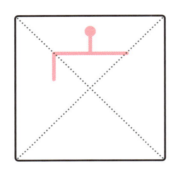

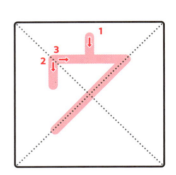

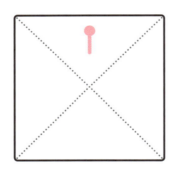

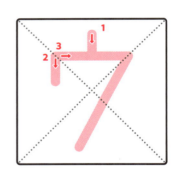

さいしょの
じとくらべて
みよう！

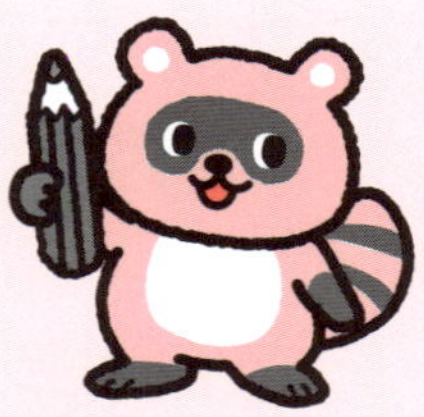

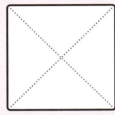

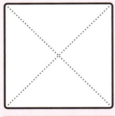

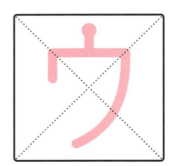

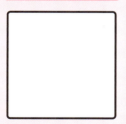

れんしゅう

「エ」をかこう！

エ

かきかたをおぼえよう！

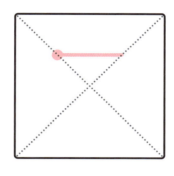

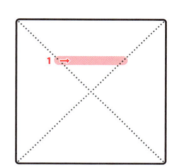

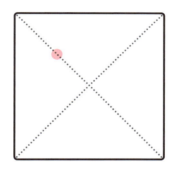

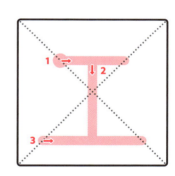

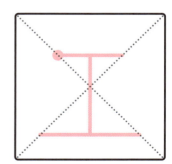

さいしょの
じとくらべて
みよう！

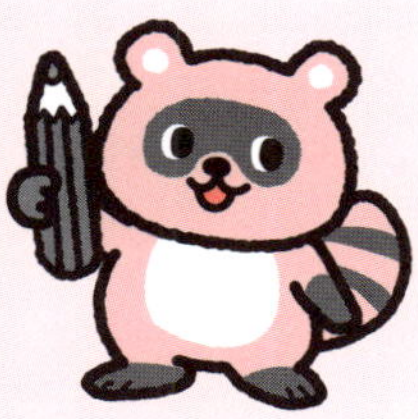

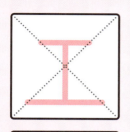

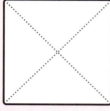

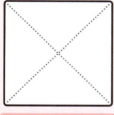

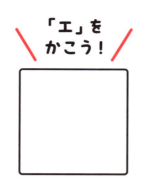

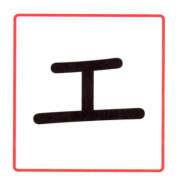

れんしゅう

「オ」をかこう!

オ

かきかたをおぼえよう!

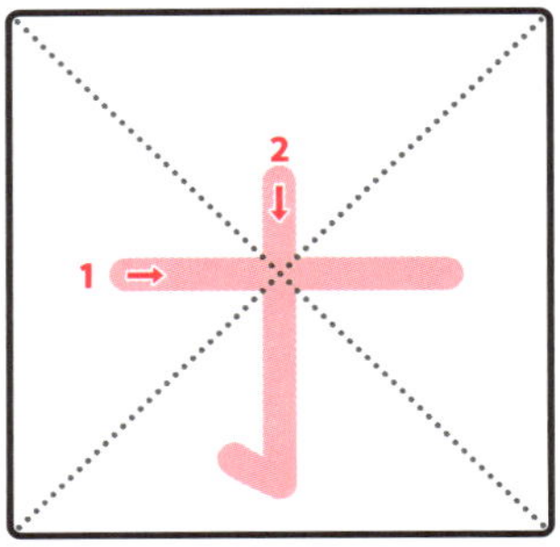

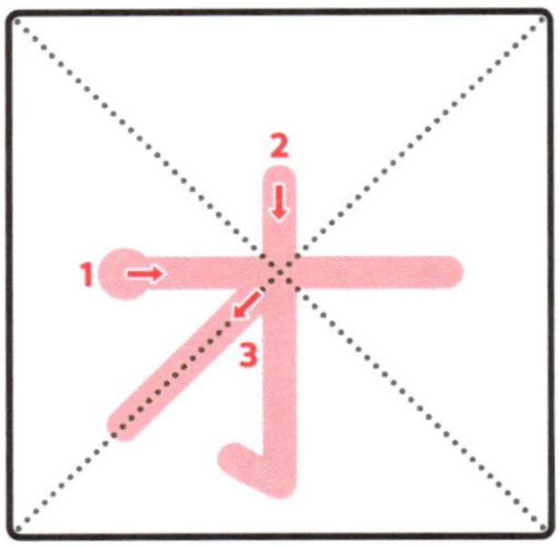

さいしょの
じとくらべて
みよう!

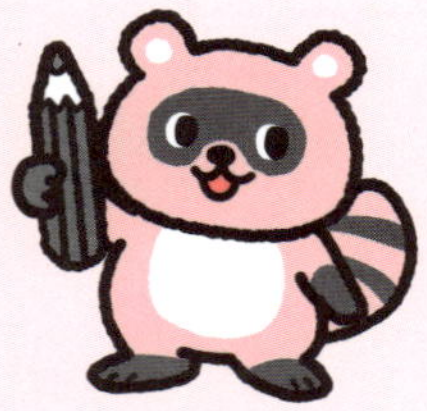

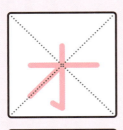

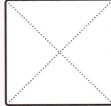

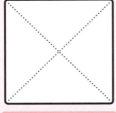

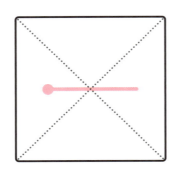

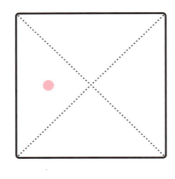

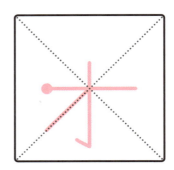

ア行《ぎょう》のれんしゅう

ア イ ウ エ オ

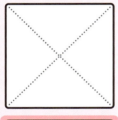

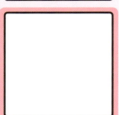

れんしゅう

「カ」をかこう！

カ

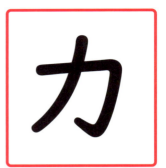

かきかたをおぼえよう！

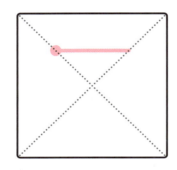

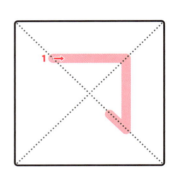

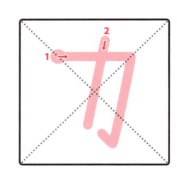

さいしょの
じとくらべて
みよう！

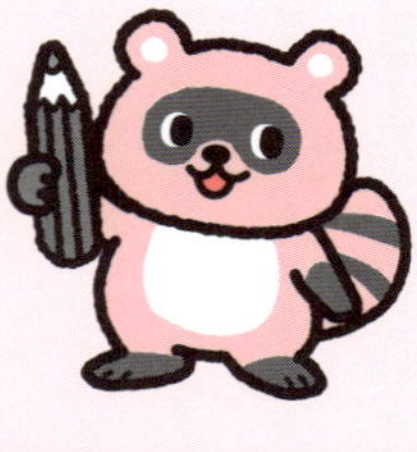

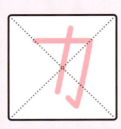

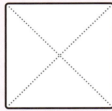

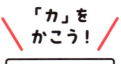

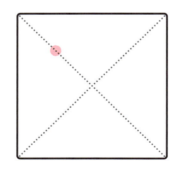

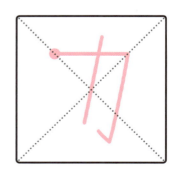

れんしゅう

「キ」をかこう！

キ

かきかたをおぼえよう！

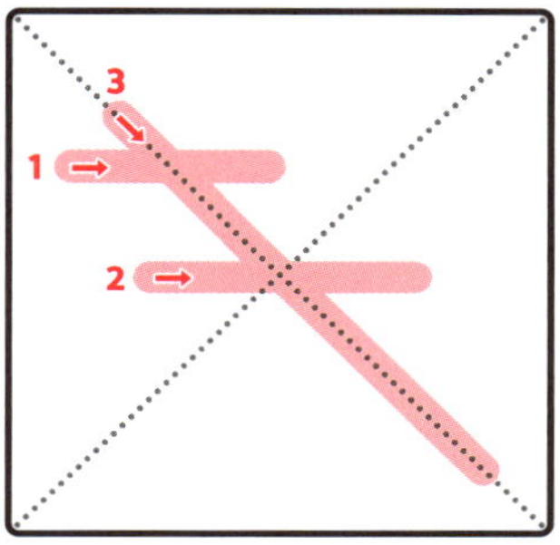

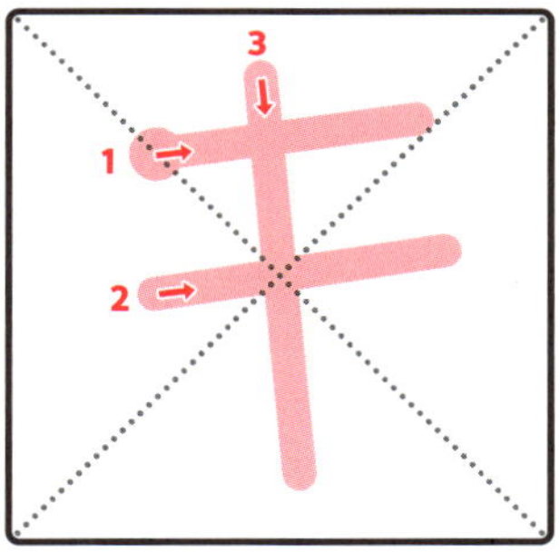

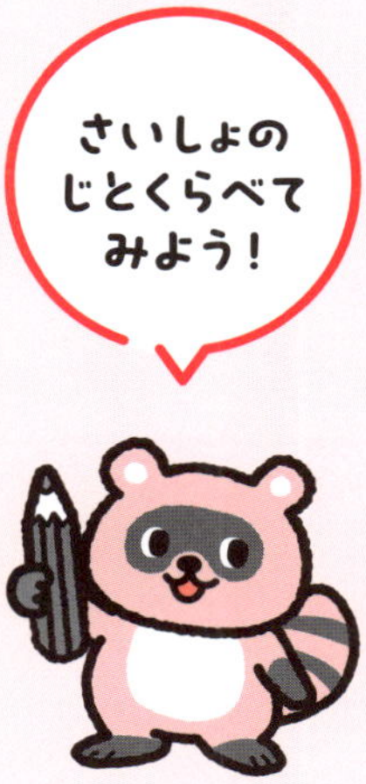

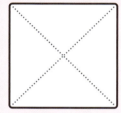

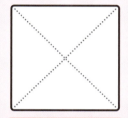

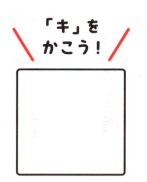

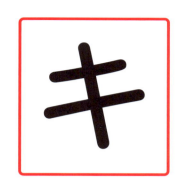

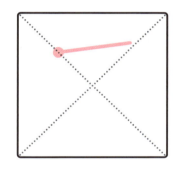

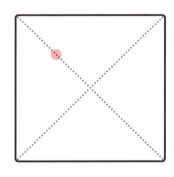

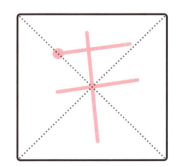

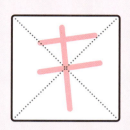

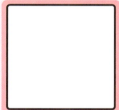

れんしゅう

「ク」を
かこう！

ク

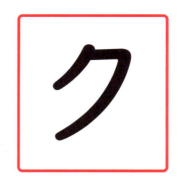

かきかたをおぼえよう！

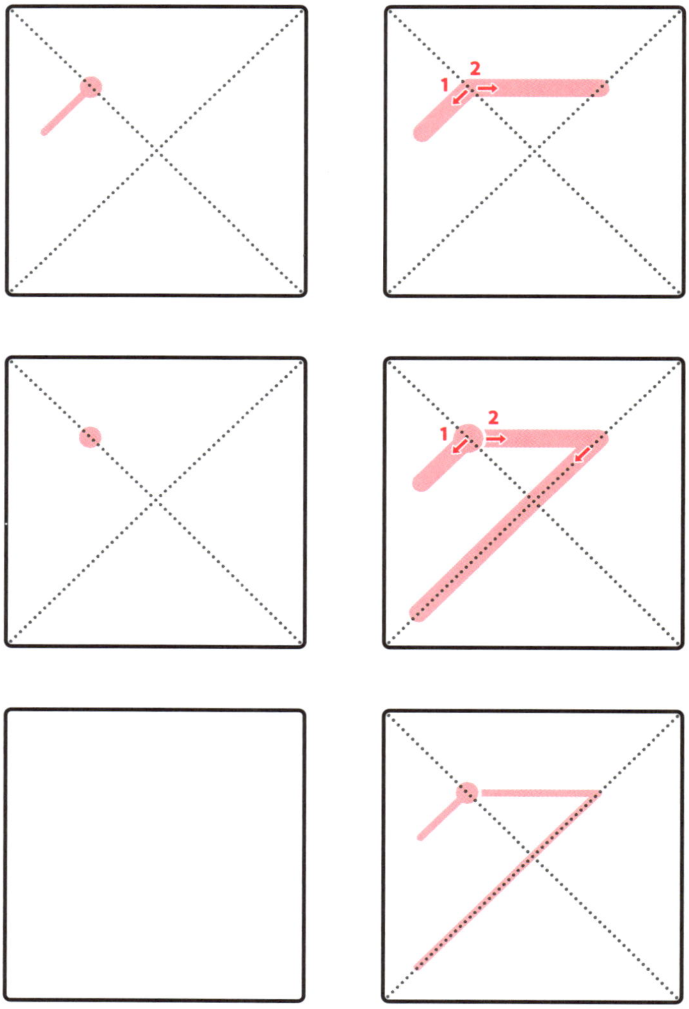

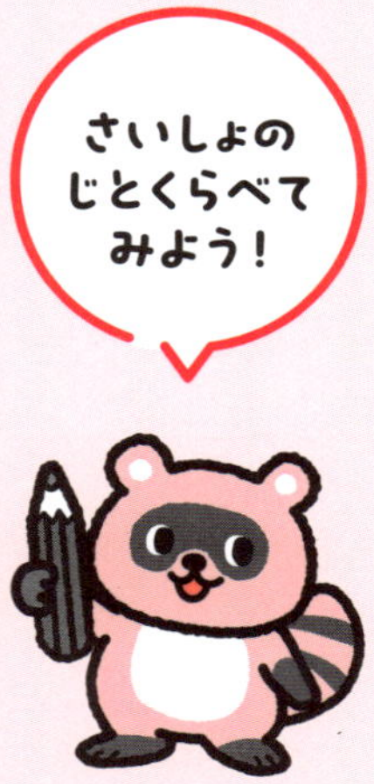

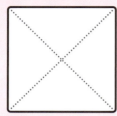

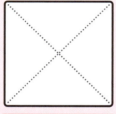

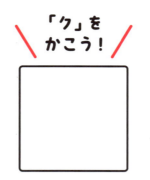

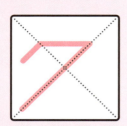

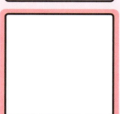

れんしゅう

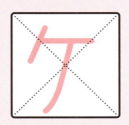

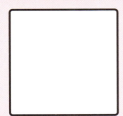

「ケ」を
かこう！

ケ

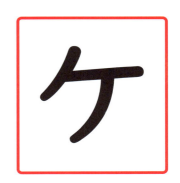

かきかたをおぼえよう！

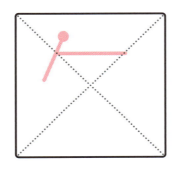

1
2
3

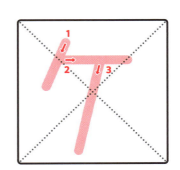

1
2
3

さいしょの
じとくらべて
みよう！

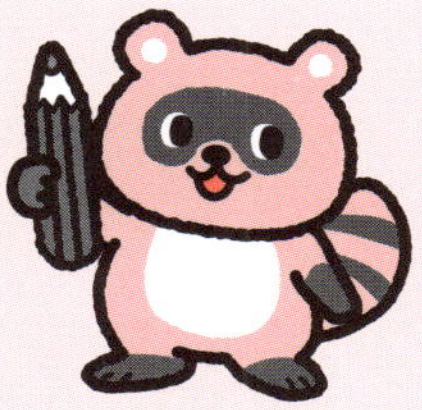

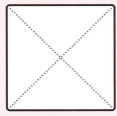

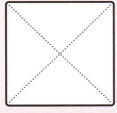

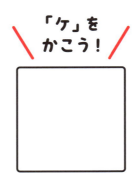

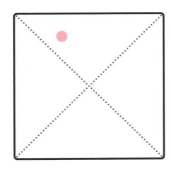

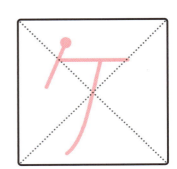

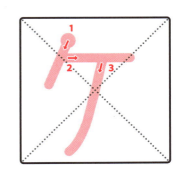

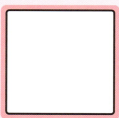

れんしゅう

「コ」をかこう！

コ

かきかたをおぼえよう！

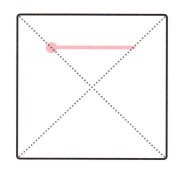

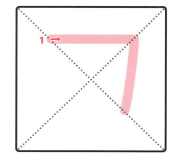

1

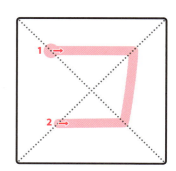

1

2

さいしょの
じとくらべて
みよう！

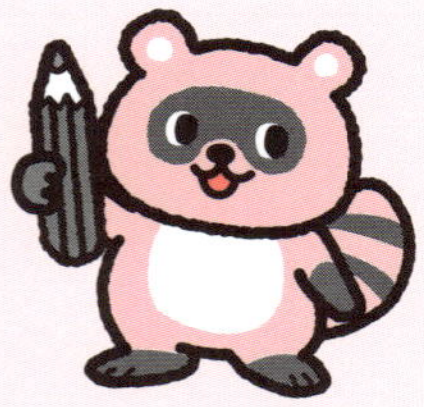

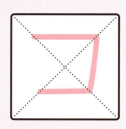

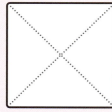

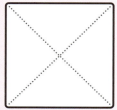

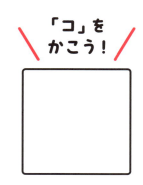

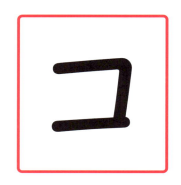

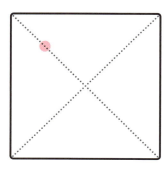

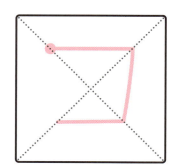

カ行《ぎょう》のれんしゅう

カ キ ク ケ コ

れんしゅう

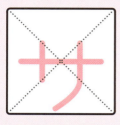

「サ」を
かこう！

サ

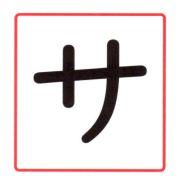

かきかたをおぼえよう！

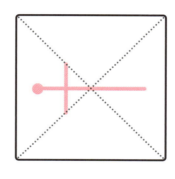

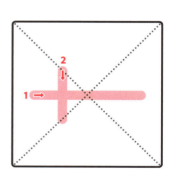

1 2

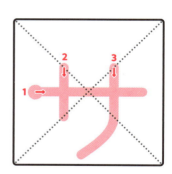

1 2 3

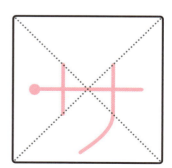

さいしょの
じとくらべて
みよう！

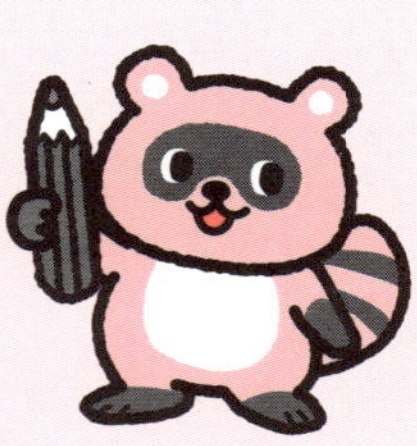

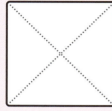

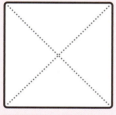

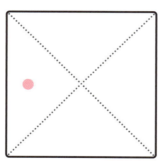

れんしゅう

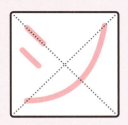

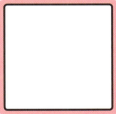

「シ」を
かこう！

シ

かきかたをおぼえよう！

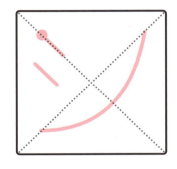

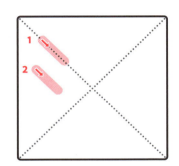

1
2

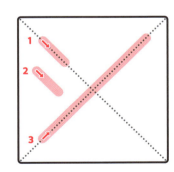

1
2
3

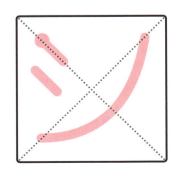

さいしょの
じとくらべて
みよう！

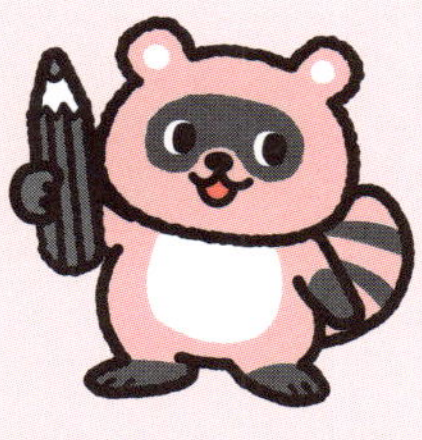

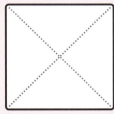

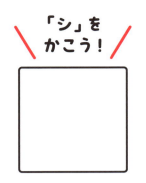

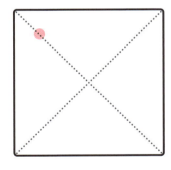

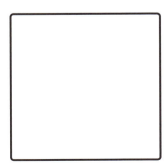

れんしゅう

「ス」を
かこう！

ス

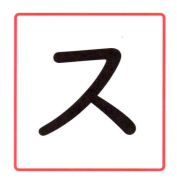

かきかたをおぼえよう！

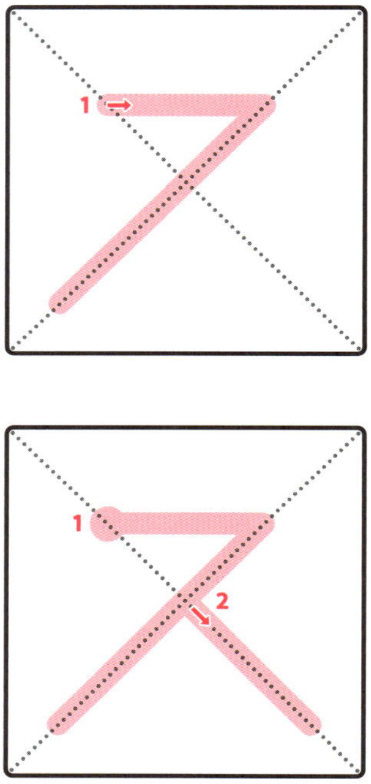

さいしょの
じとくらべて
みよう！

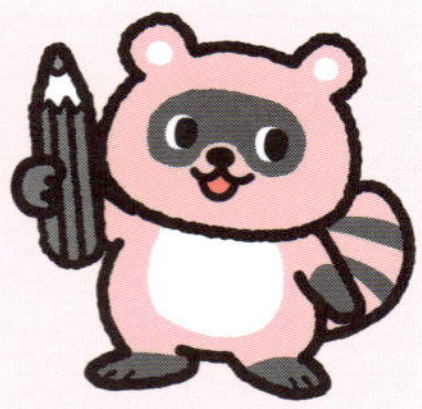

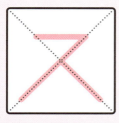

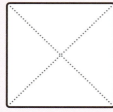

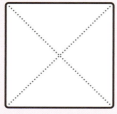

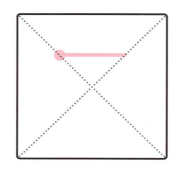

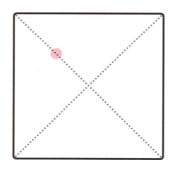

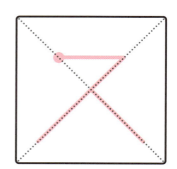

れんしゅう

「セ」を
かこう！

セ

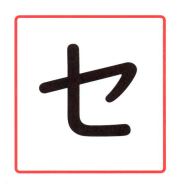

かきかたをおぼえよう！

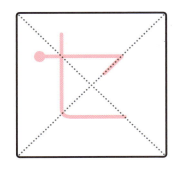

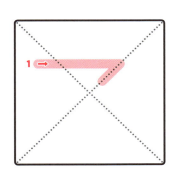

1

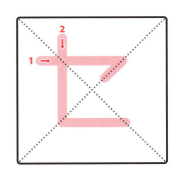

2
1

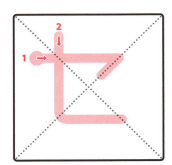

2
1

さいしょの
じとくらべて
みよう！

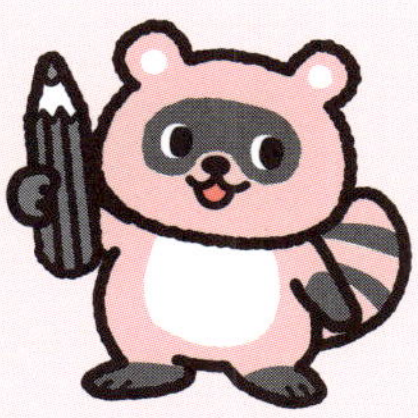

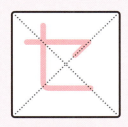

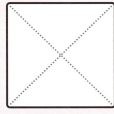

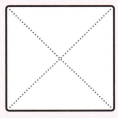

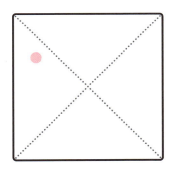

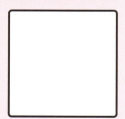

れんしゅう

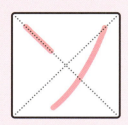

「ソ」をかこう！

ソ

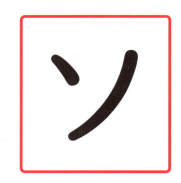

かきかたをおぼえよう！

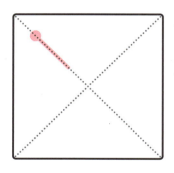

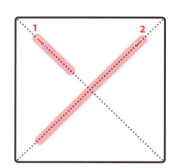

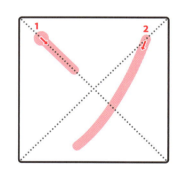

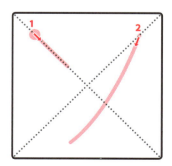

さいしょのじとくらべてみよう！

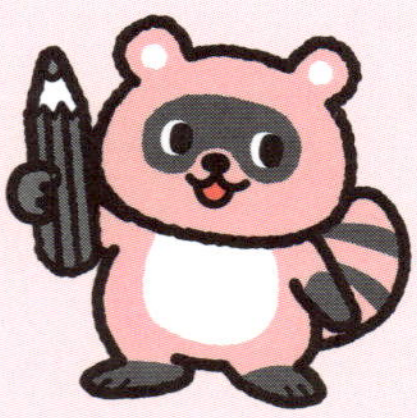

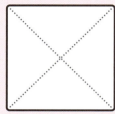

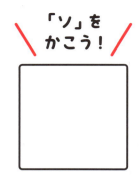

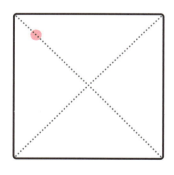

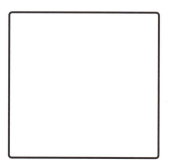

サ行《ぎょう》のれんしゅう

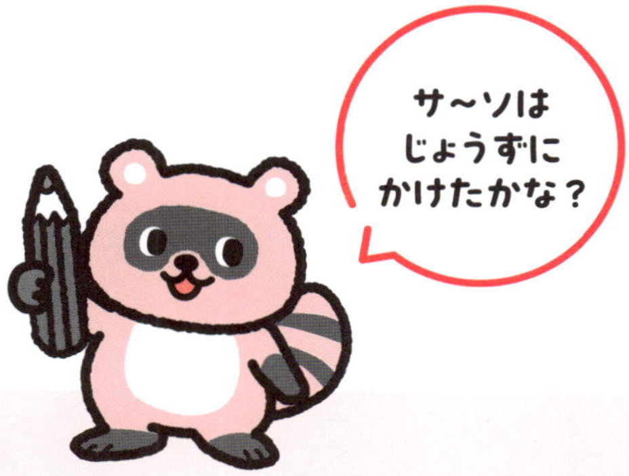

サ　シ　ス　セ　ソ

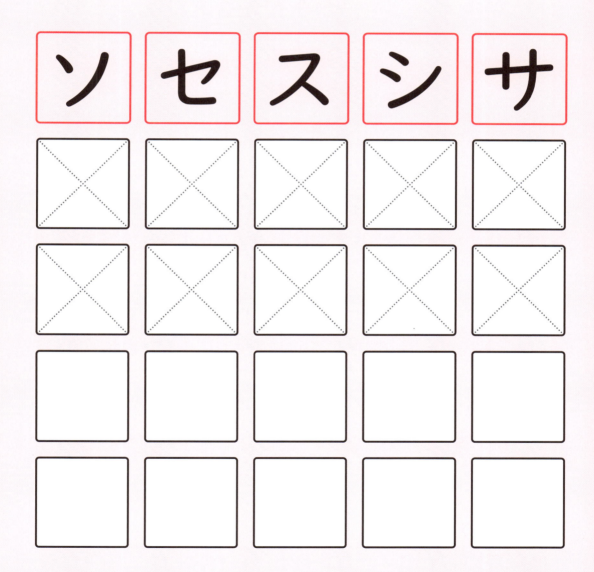

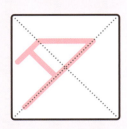

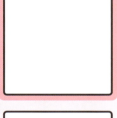

れんしゅう

「タ」を
かこう！

タ

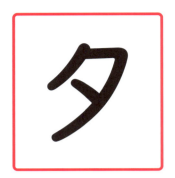

かきかたをおぼえよう！

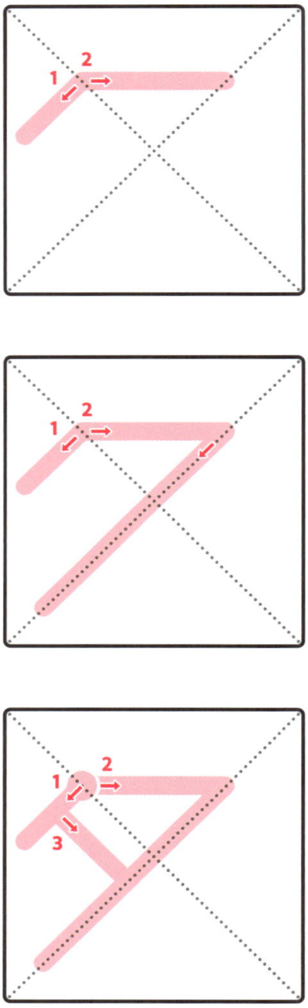

さいしょの
じとくらべて
みよう！

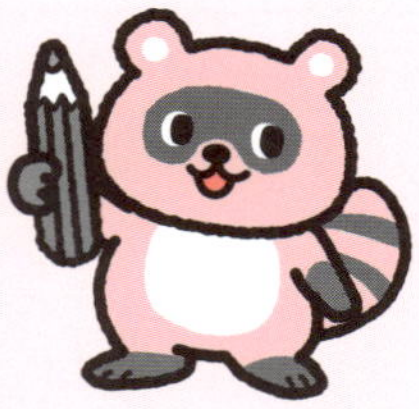

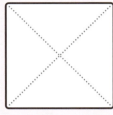

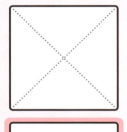

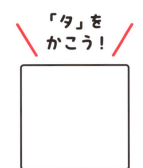

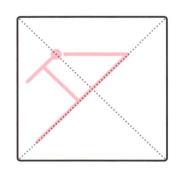

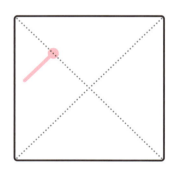

れんしゅう

「チ」をかこう！

チ

かきかたをおぼえよう！

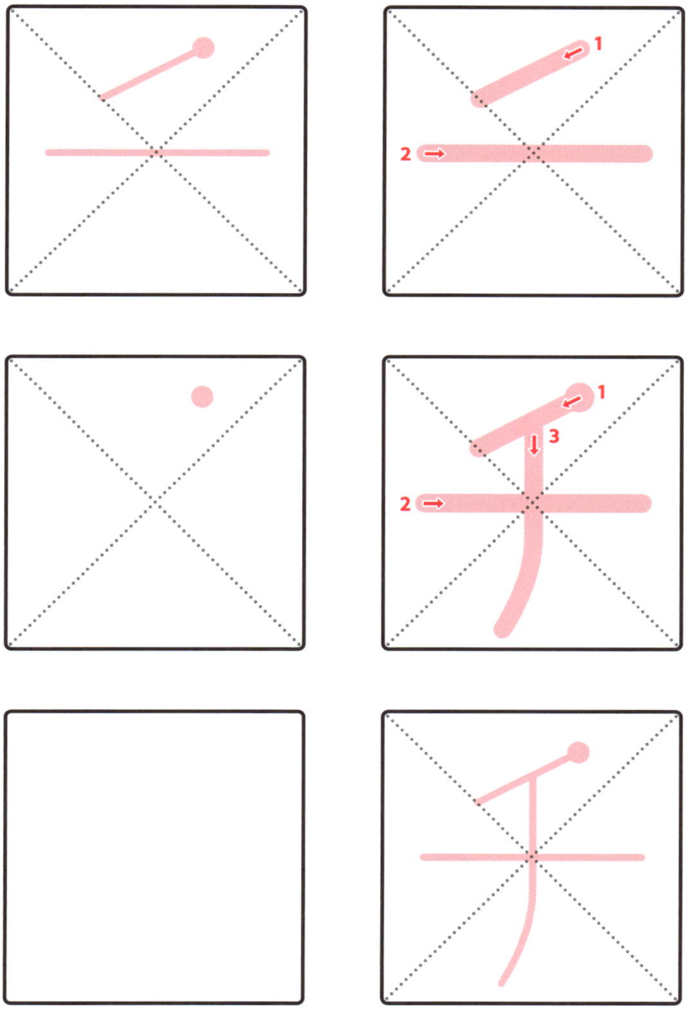

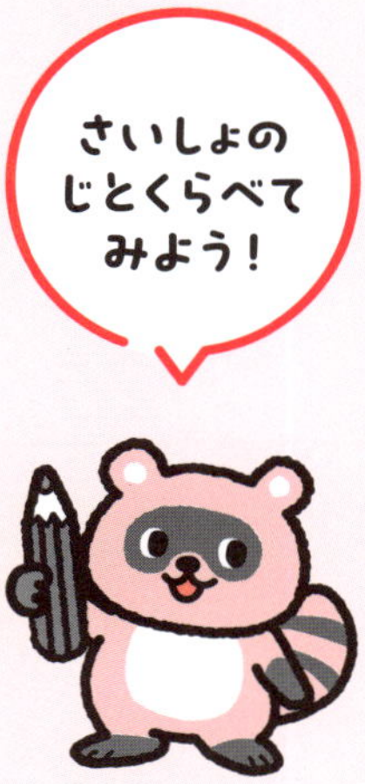

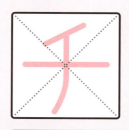

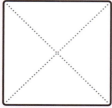

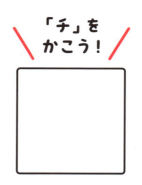

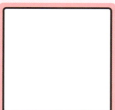

「ツ」を
かこう！

ツ

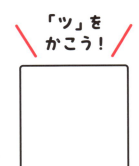

かきかたをおぼえよう！

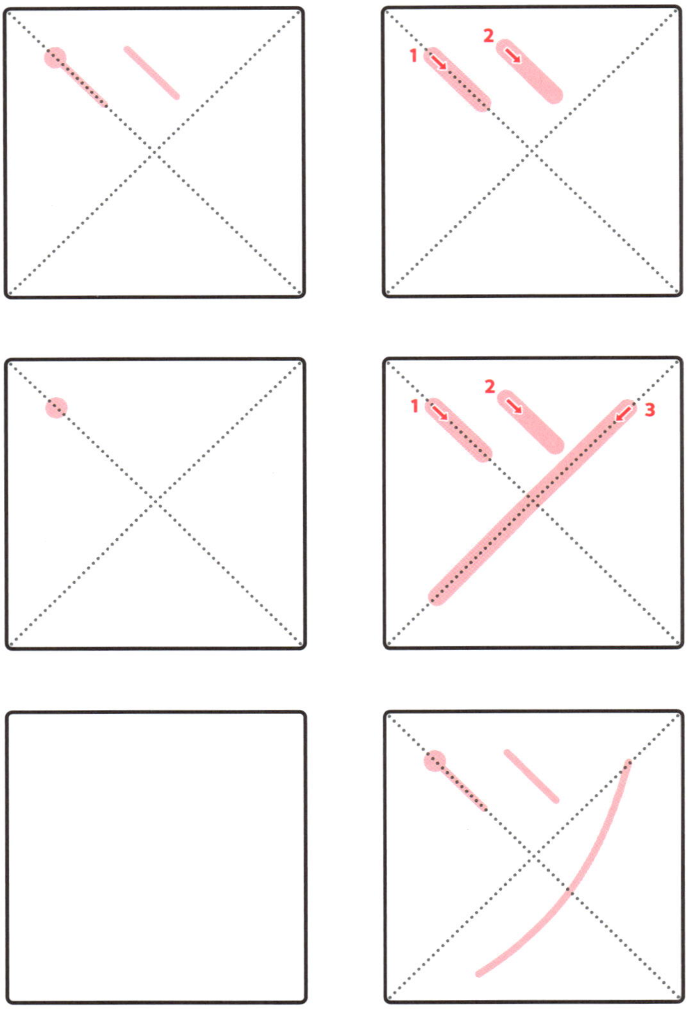

れんしゅう

さいしょの
じとくらべて
みよう！

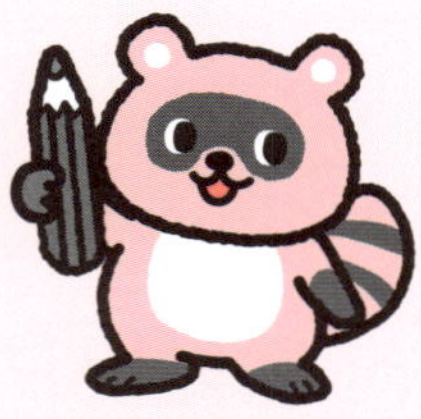

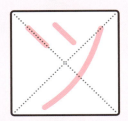

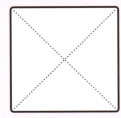

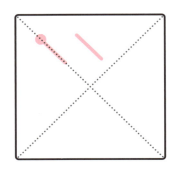

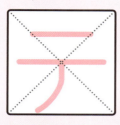

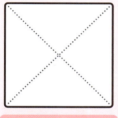

れんしゅう

「テ」を
かこう!

テ

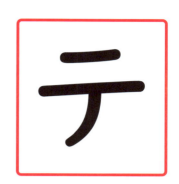

かきかたをおぼえよう!

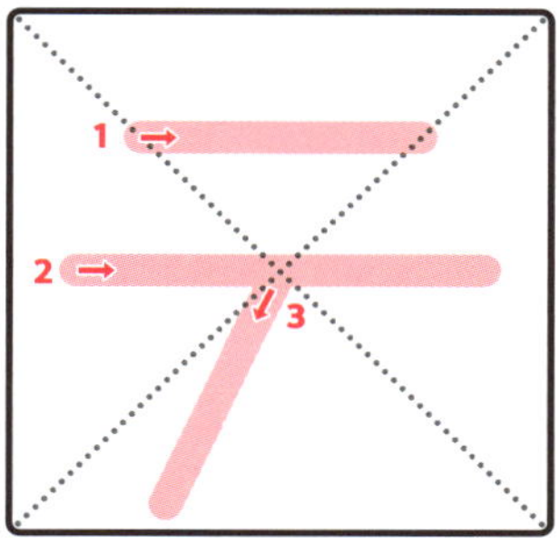

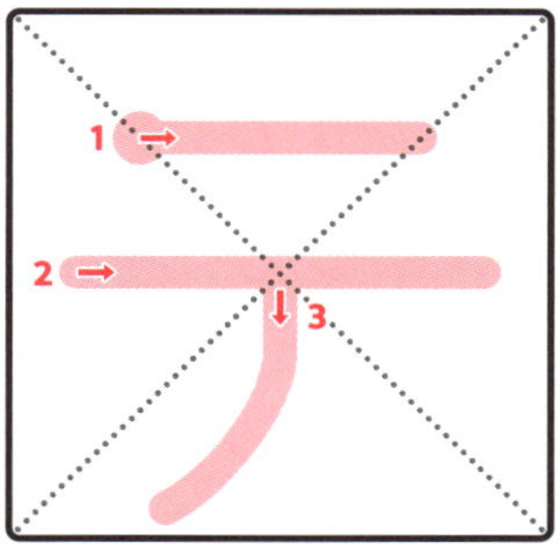

さいしょの
じとくらべて
みよう!

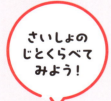

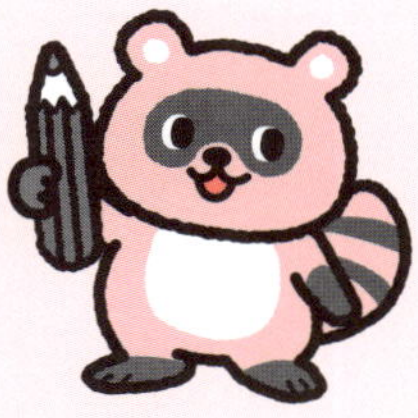

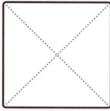

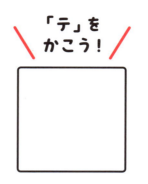

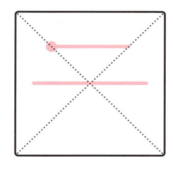

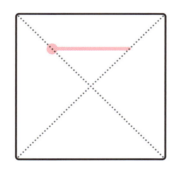

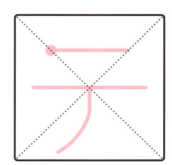

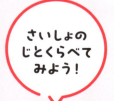

れんしゅう

「ト」を
かこう！

ト

かきかたをおぼえよう！

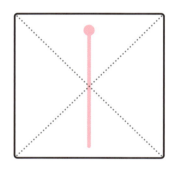

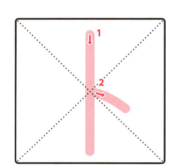

1
2

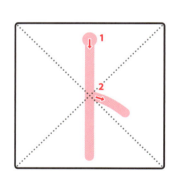

1
2

さいしょの
じとくらべて
みよう！

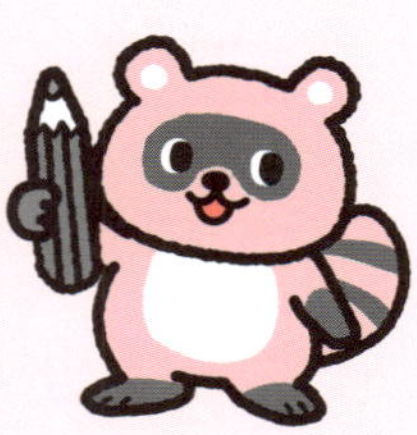

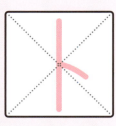

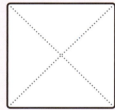

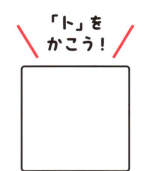

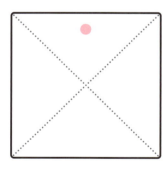

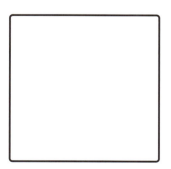

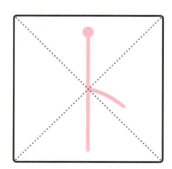

タ行《ぎょう》のれんしゅう

ト　テ　ツ　チ　タ

れんしゅう

「ナ」を
かこう！

ナ

かきかたをおぼえよう！

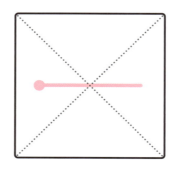

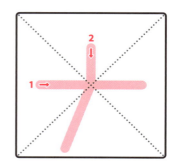

1
2

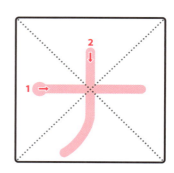

1
2

さいしょの
じとくらべて
みよう！

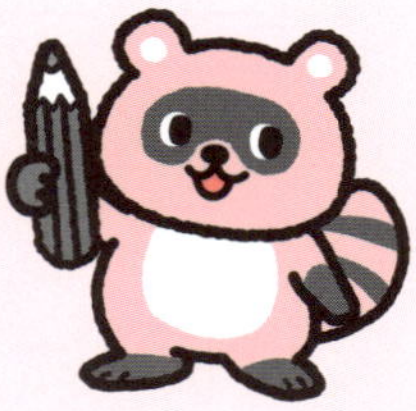

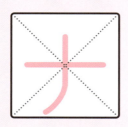

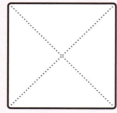

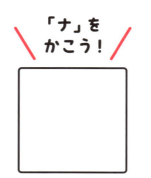

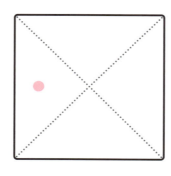

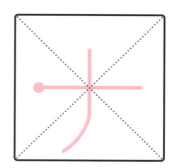

れんしゅう

「ニ」をかこう！

ニ

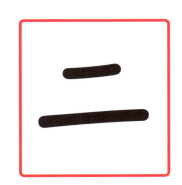

かきかたをおぼえよう！

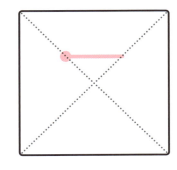

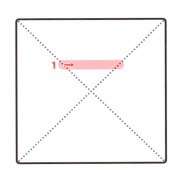

1

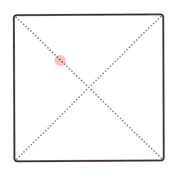

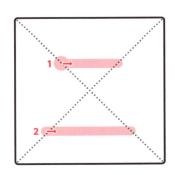

1

2

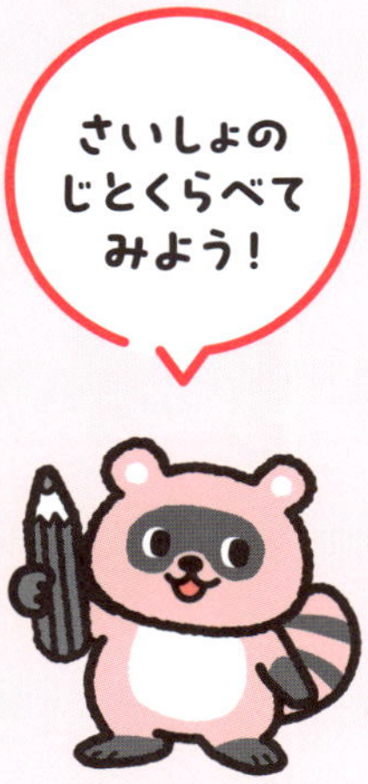

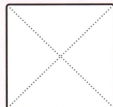

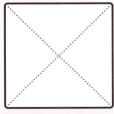

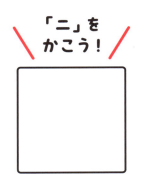

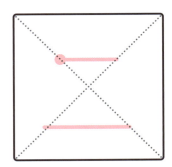

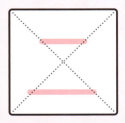

れんしゅう

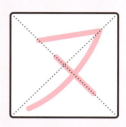

「ヌ」を
かこう！

ヌ

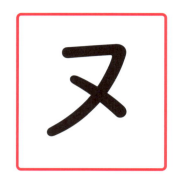

かきかたをおぼえよう！

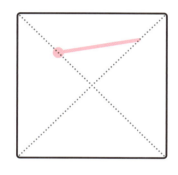

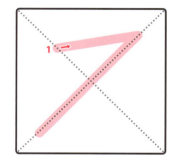

1

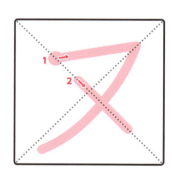

1

2

さいしょの
じとくらべて
みよう！

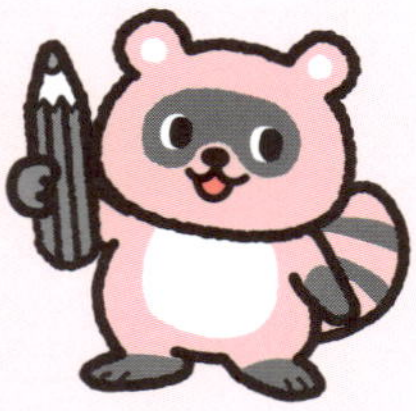

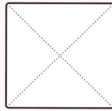

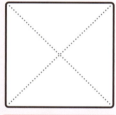

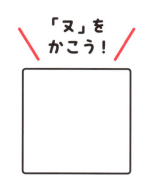

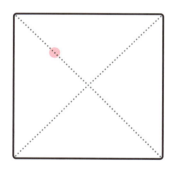

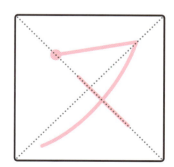

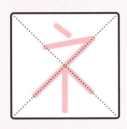

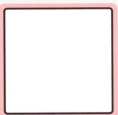

れんしゅう

「ネ」をかこう!

ネ

かきかたをおぼえよう!

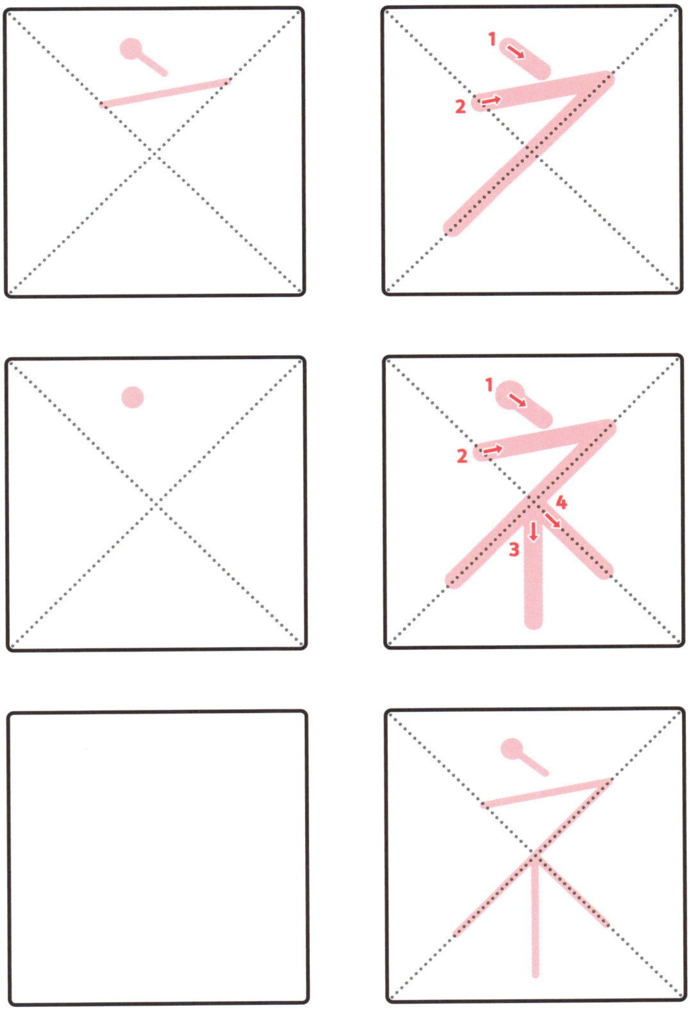

さいしょの
じとくらべて
みよう!

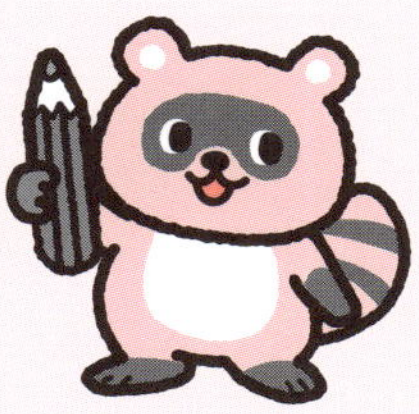

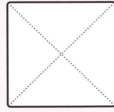

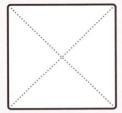

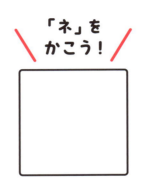

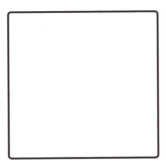

れんしゅう

「ノ」をかこう！

ノ

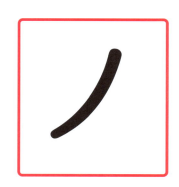

かきかたをおぼえよう！

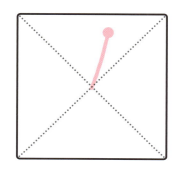

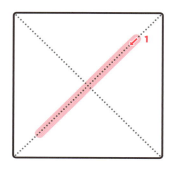

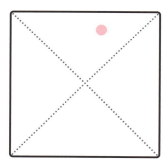

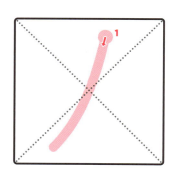

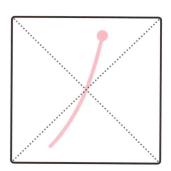

さいしょの
じとくらべて
みよう！

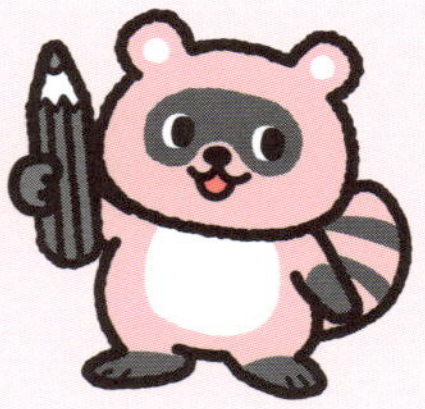

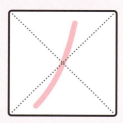

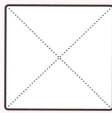

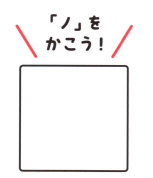

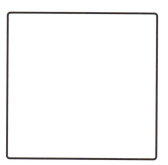

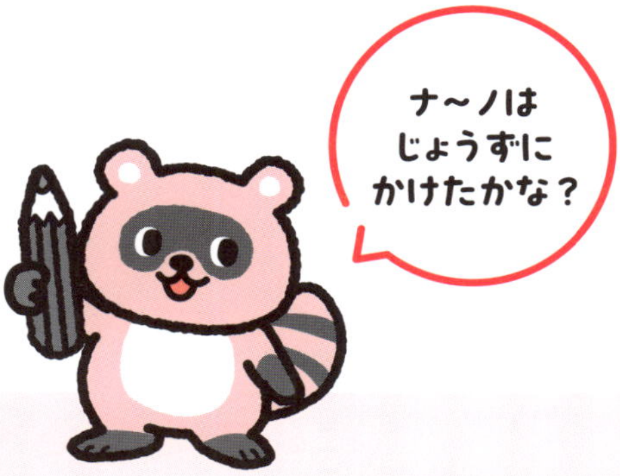
ナ～ノは
じょうずに
かけたかな？

ナ行《ぎょう》のれんしゅう

ナ　ニ　ヌ　ネ　ノ

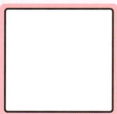

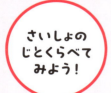

「ハ」をかこう！

ハ

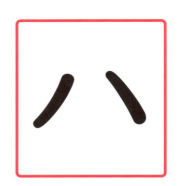

かきかたをおぼえよう！

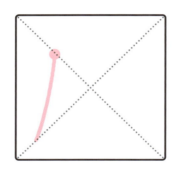

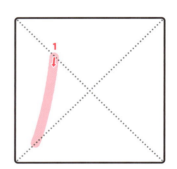

1

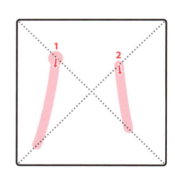

1 2

れんしゅう

さいしょの
じとくらべて
みよう！

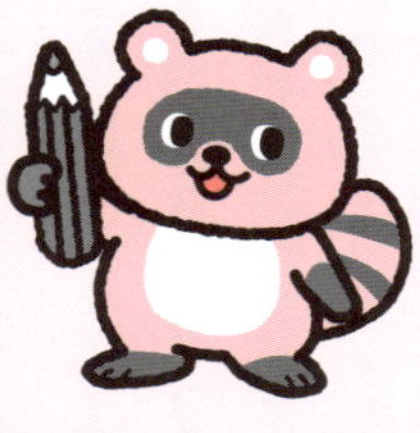

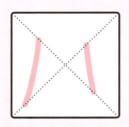

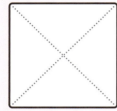

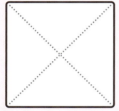

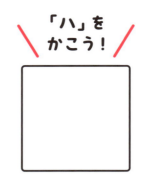

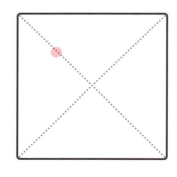

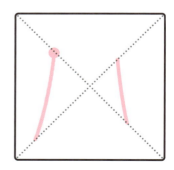

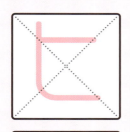

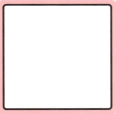

れんしゅう

「ヒ」を
かこう!

ヒ

かきかたをおぼえよう!

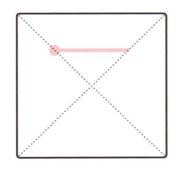

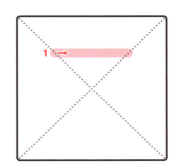

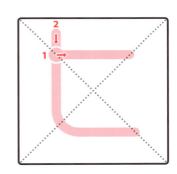

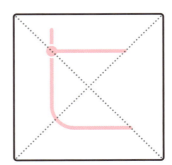

さいしょの
じとくらべて
みよう!

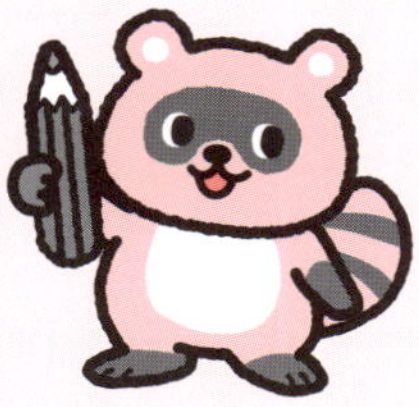

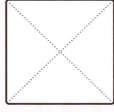

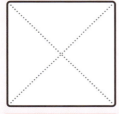

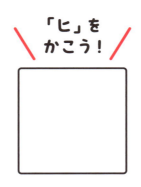

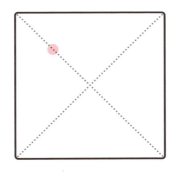

「フ」を
かこう！

フ

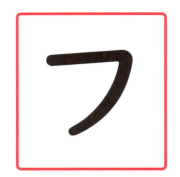

かきかたをおぼえよう！

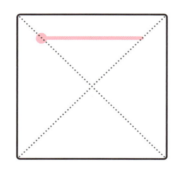

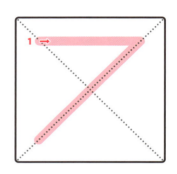

1

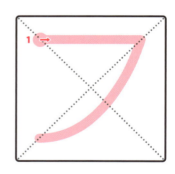

1

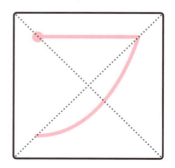

れんしゅう

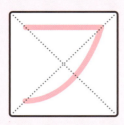

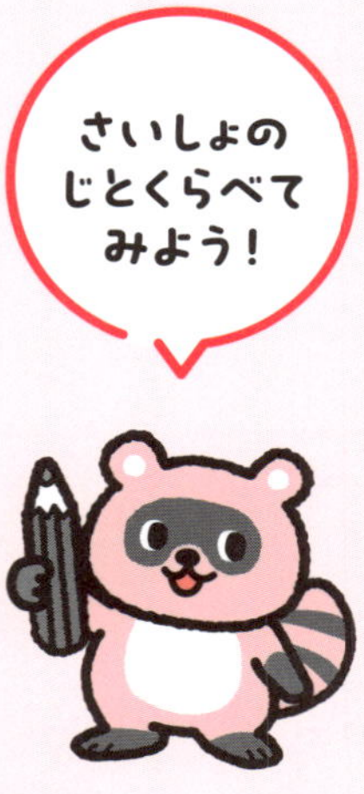

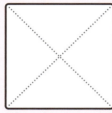

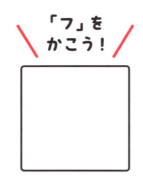

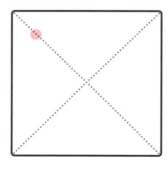

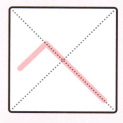

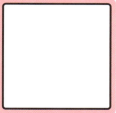

れんしゅう

「へ」を
かこう！

へ

かきかたを おぼえよう！

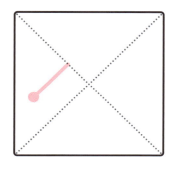

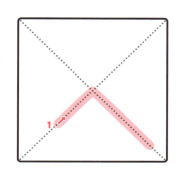

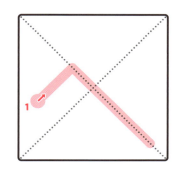

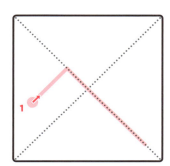

さいしょの
じと くらべて
みよう！

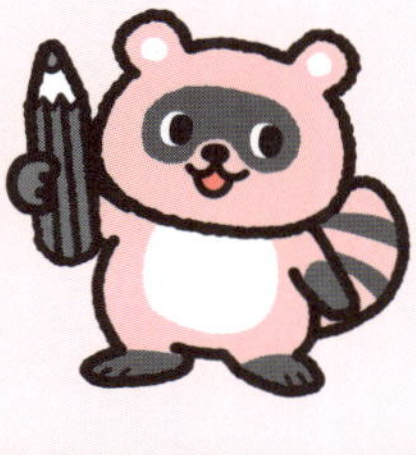

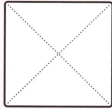

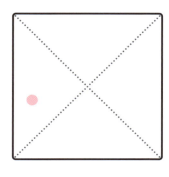

「ホ」をかこう！

ホ

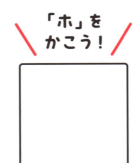

かきかたをおぼえよう！

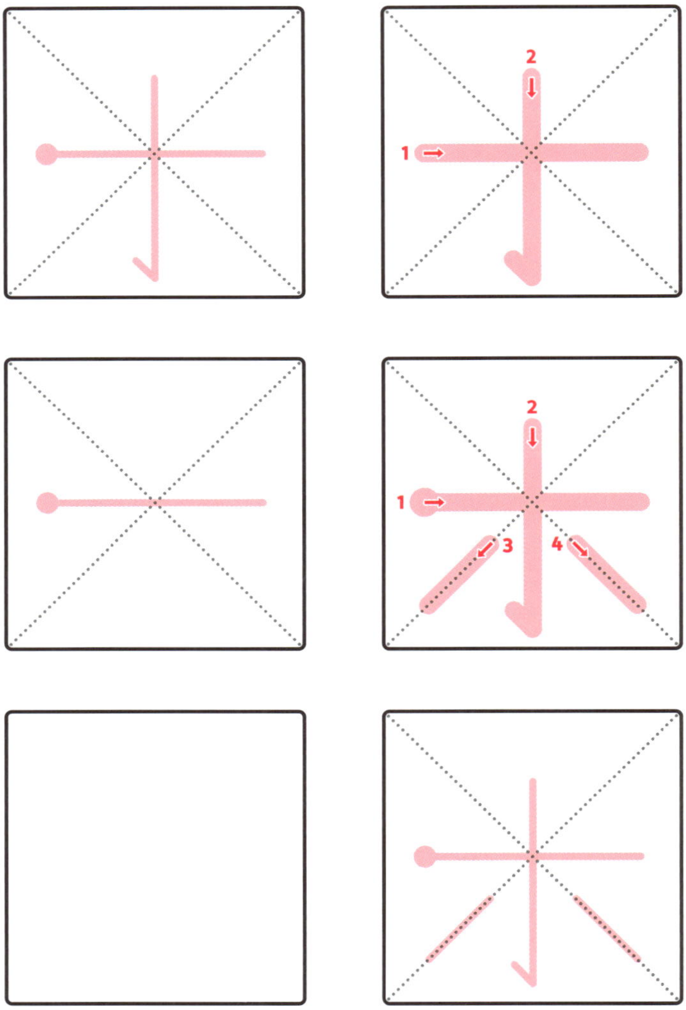

れんしゅう

さいしょの
じとくらべて
みよう！

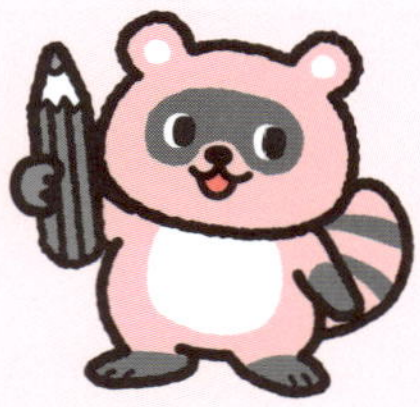

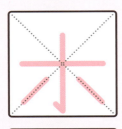

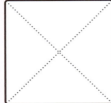

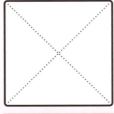

ハ行《ぎょう》のれんしゅう

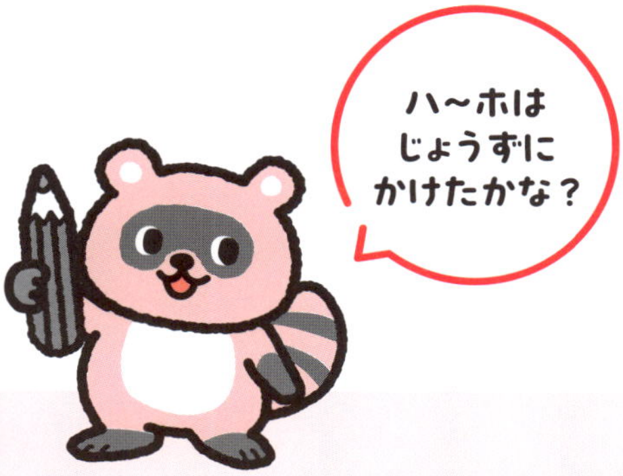

ハ ヒ フ ヘ ホ

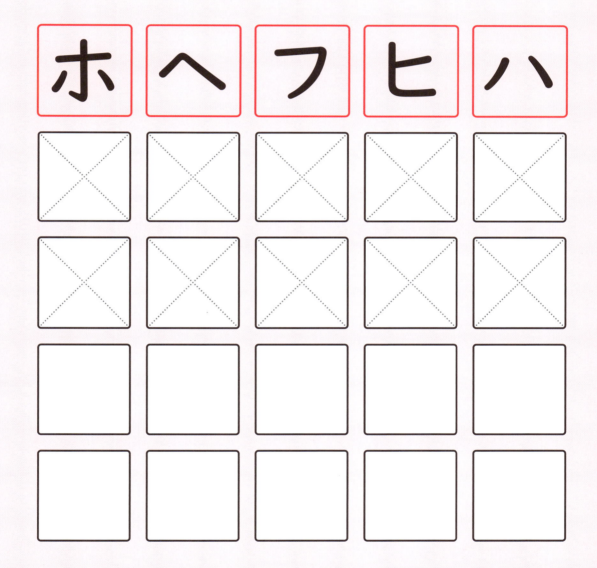

「マ」を
かこう！

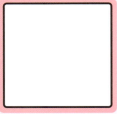

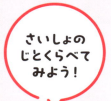

マ

かきかたをおぼえよう！

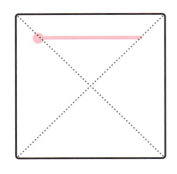

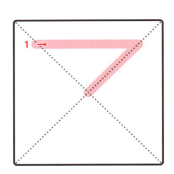

1

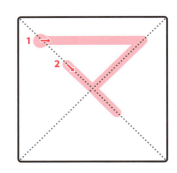

1
2

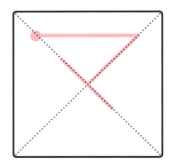

れんしゅう

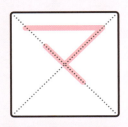

さいしょの
じとくらべて
みよう！

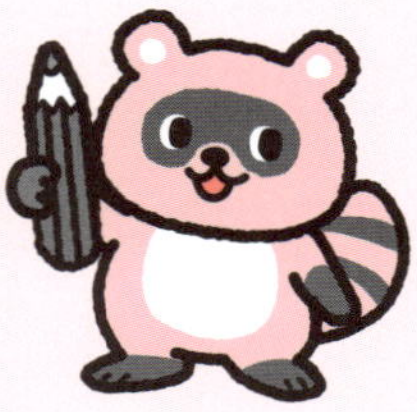

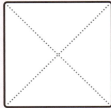

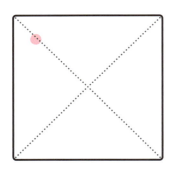

れんしゅう

「ミ」を
かこう！

ミ

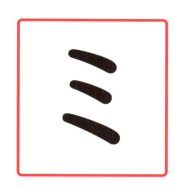

かきかたをおぼえよう！

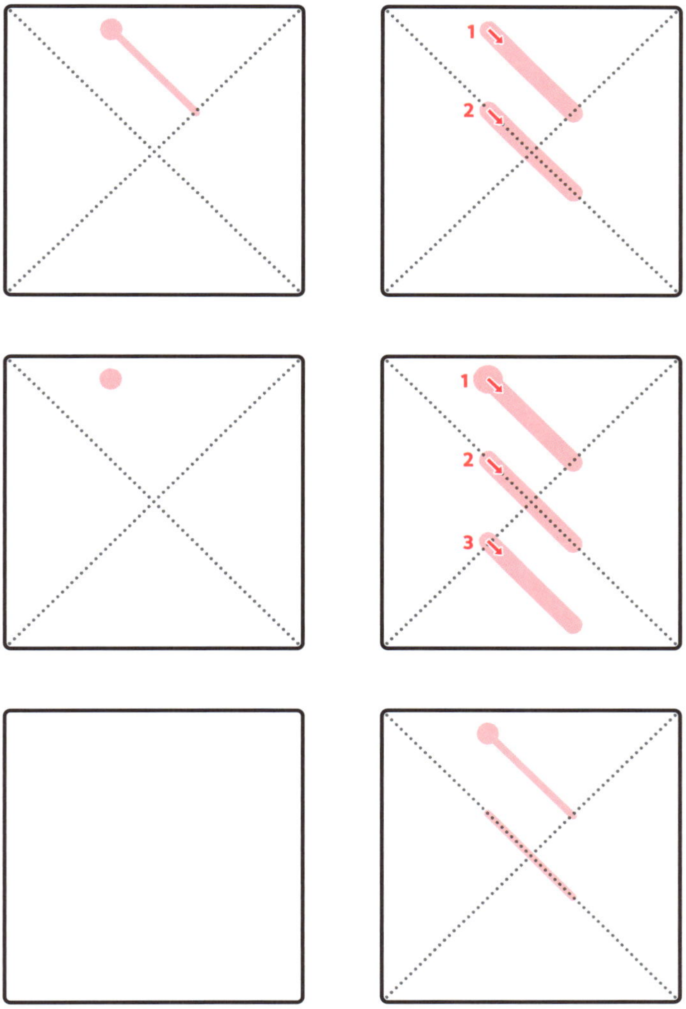

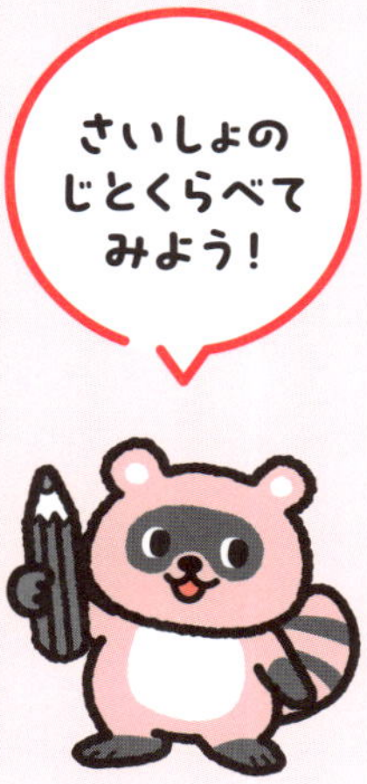

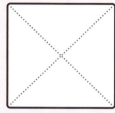

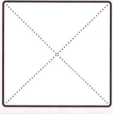

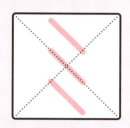

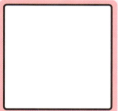

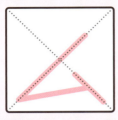

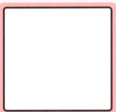

れんしゅう

「ム」を
かこう！

ム

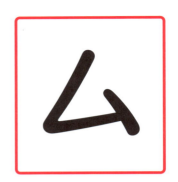

かきかたをおぼえよう！

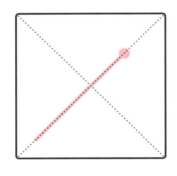

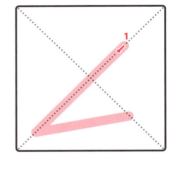

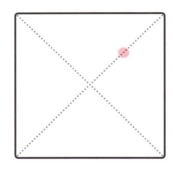

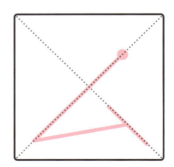

さいしょの
じとくらべて
みよう！

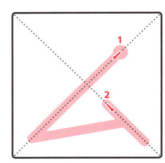

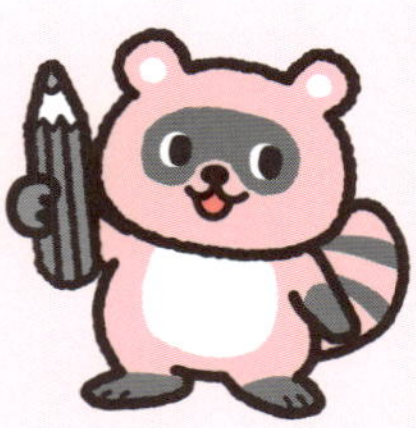

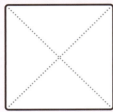

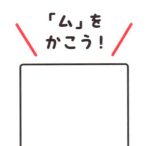

れんしゅう

「メ」を
かこう！

メ

かきかたをおぼえよう！

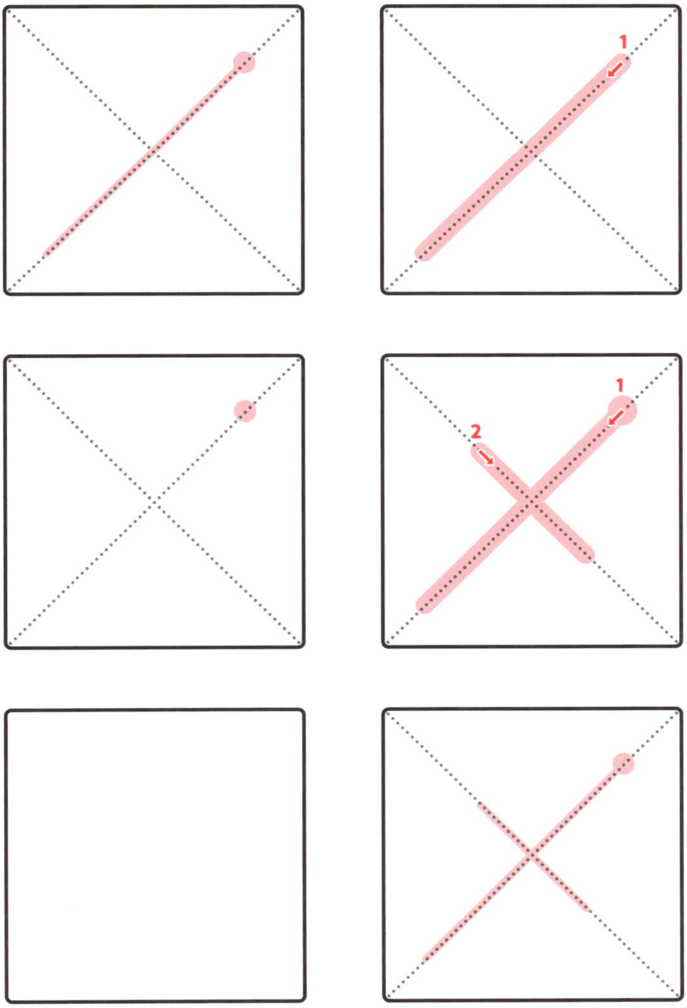

さいしょの
じとくらべて
みよう！

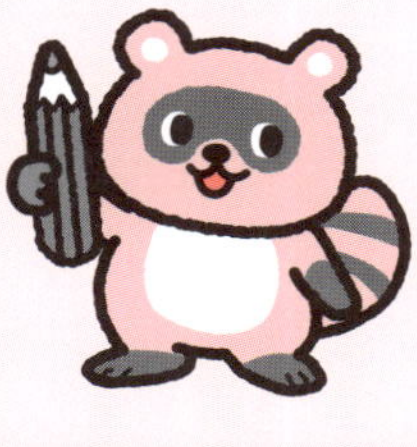

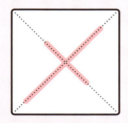

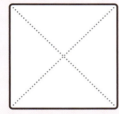

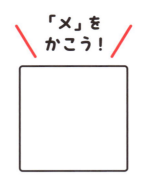

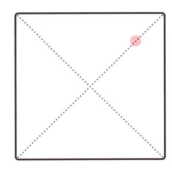

れんしゅう

「モ」をかこう！

モ

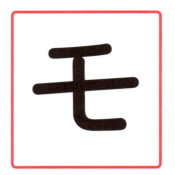

かきかたをおぼえよう！

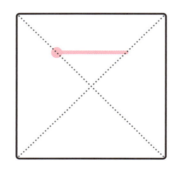

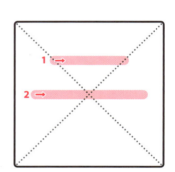

1 →
2 →

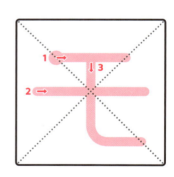

1 →
3 ↓
2 →

さいしょの
じとくらべて
みよう！

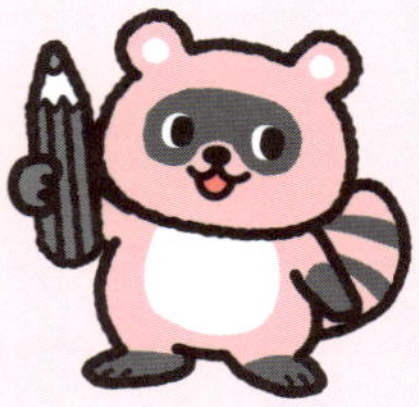

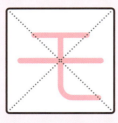

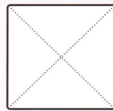

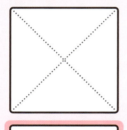

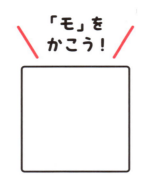

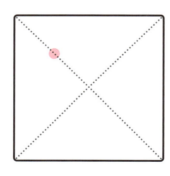

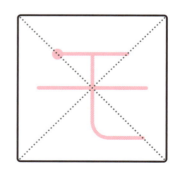

マ行《ぎょう》の れんしゅう

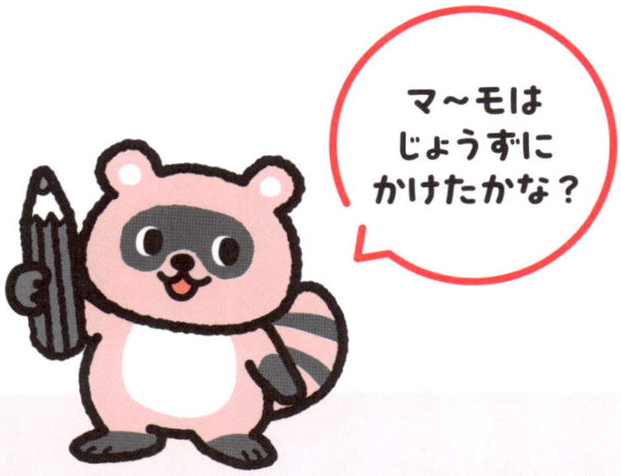

マ ミ ム メ モ

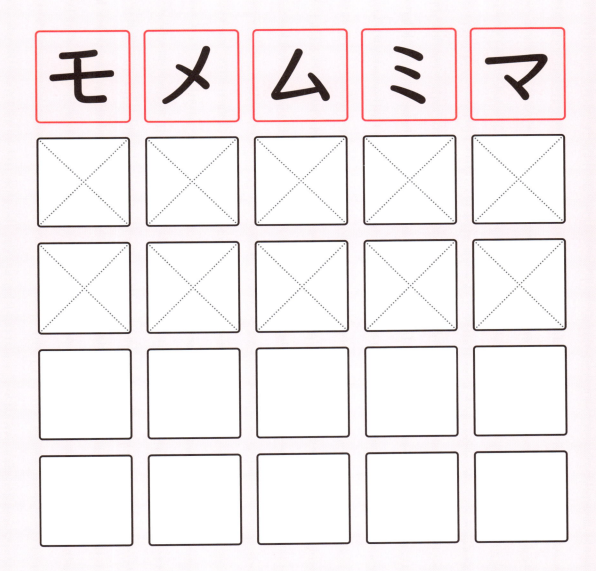

れんしゅう

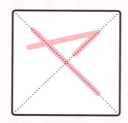

「ヤ」を
かこう！

ヤ

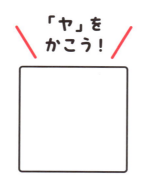

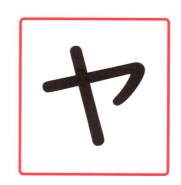

かきかたをおぼえよう！

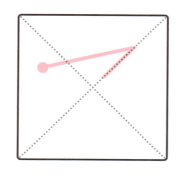

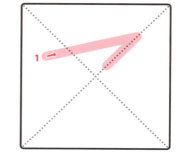

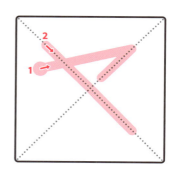

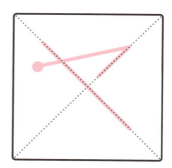

さいしょの
じとくらべて
みよう！

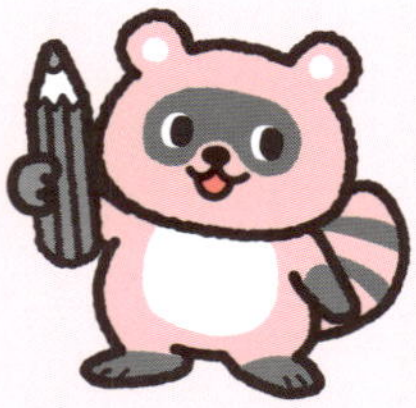

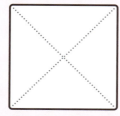

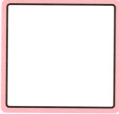

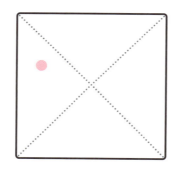

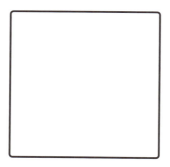

「ユ」を
かこう！

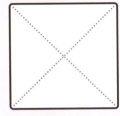

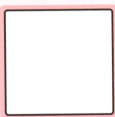

ユ

かきかたをおぼえよう！

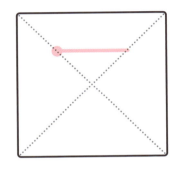

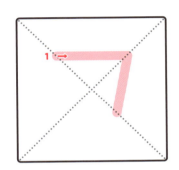

1

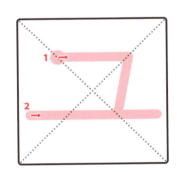

1

2

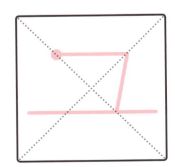

れんしゅう

さいしょの
じとくらべて
みよう！

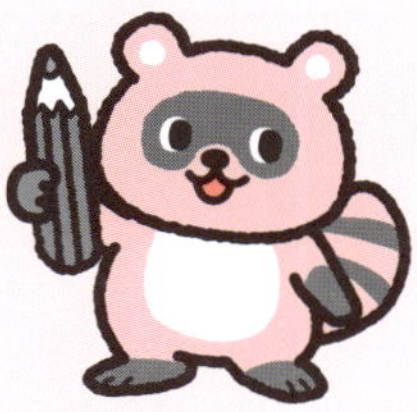

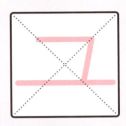

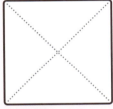

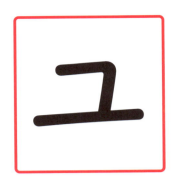

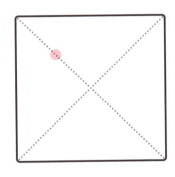

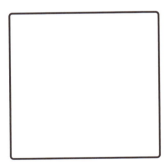

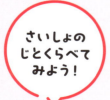

れんしゅう

「ヨ」をかこう！

ヨ

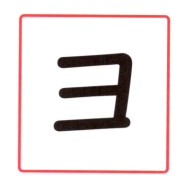

かきかたをおぼえよう！

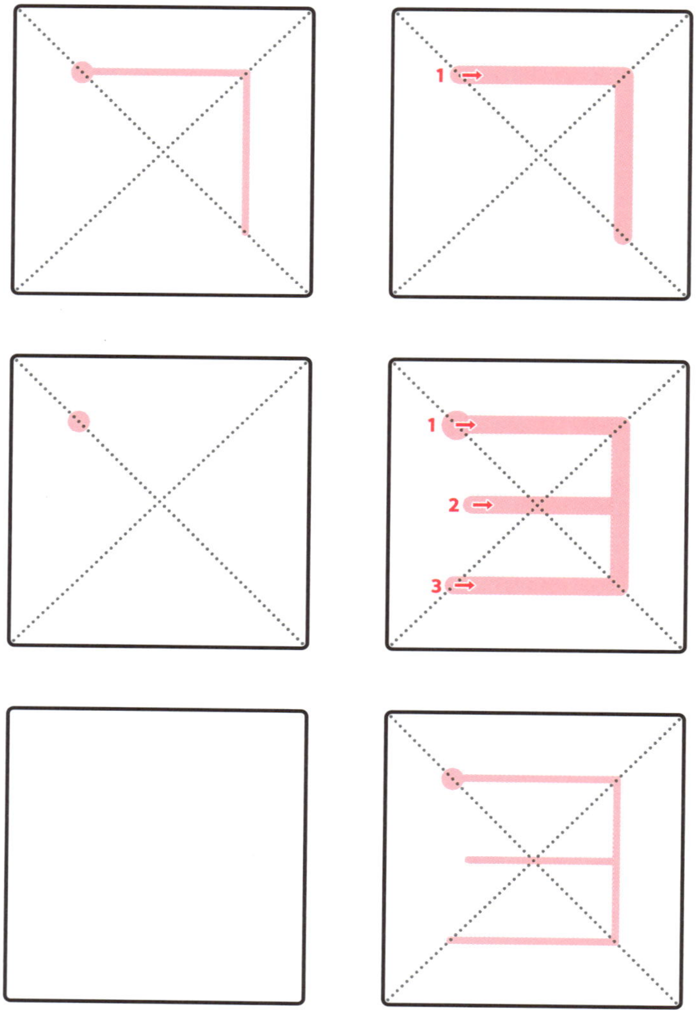

さいしょの
じとくらべて
みよう！

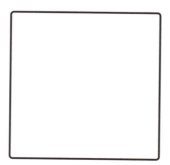

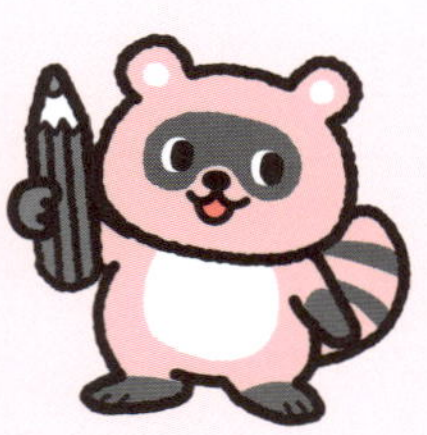

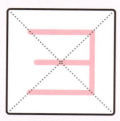

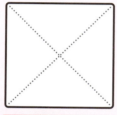

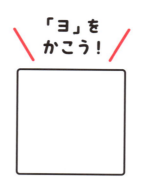

ヤ行《ぎょう》のれんしゅう

ヤ　ユ　ヨ

れんしゅう

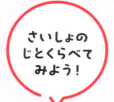

「ラ」を
かこう！

ラ

かきかたをおぼえよう！

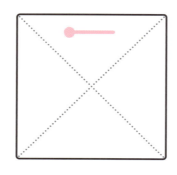

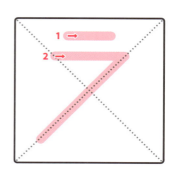

1 →
2 →

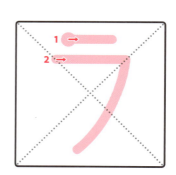

1 →
2 →

さいしょの
じとくらべて
みよう！

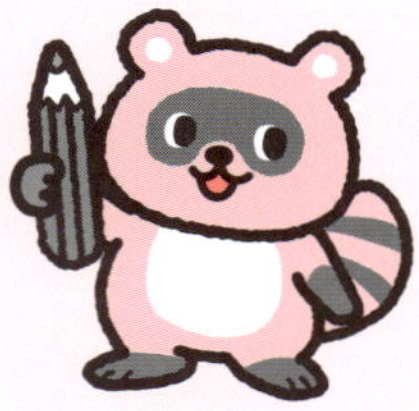

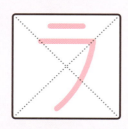

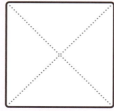

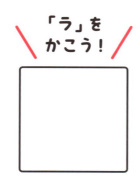

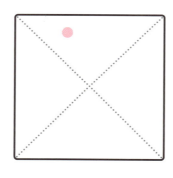

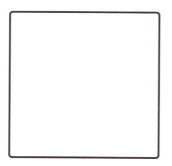

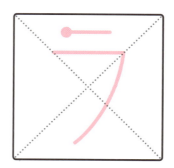

れんしゅう

「リ」を
かこう！

リ

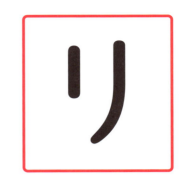

かきかたをおぼえよう！

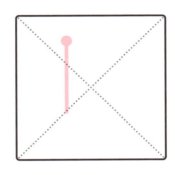

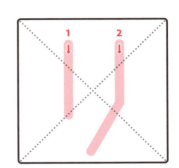

1 2

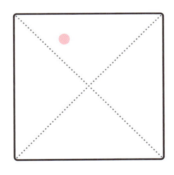

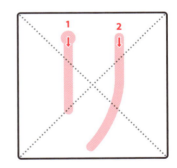

1 2

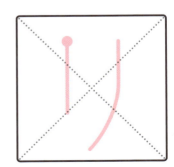

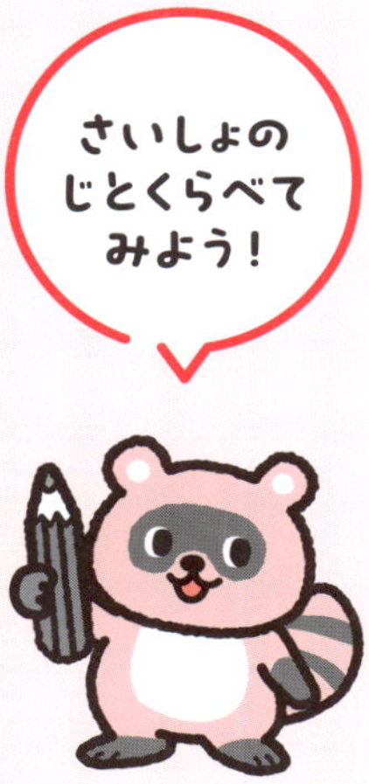

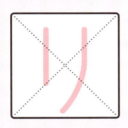

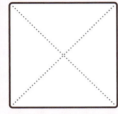

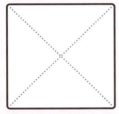

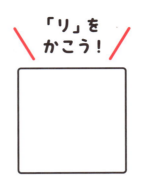

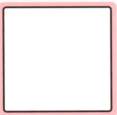

ル

「ル」をかこう！

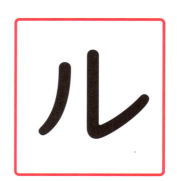

かきかたをおぼえよう！

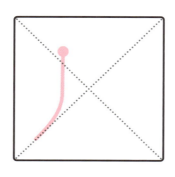

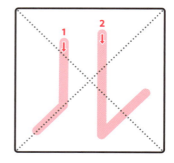

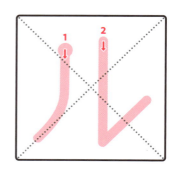

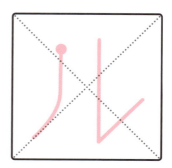

れんしゅう

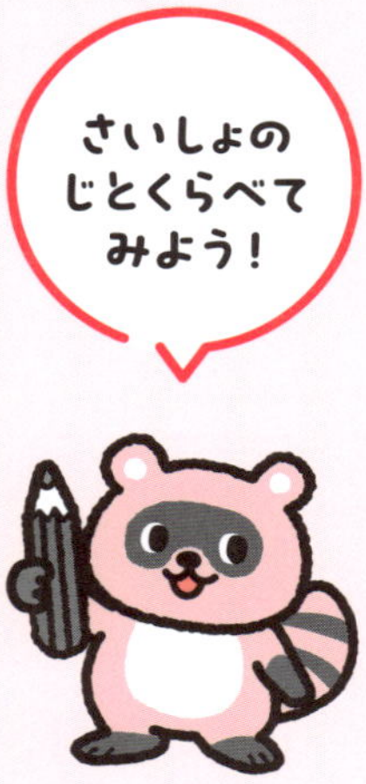

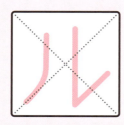

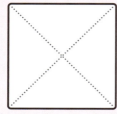

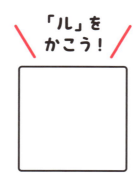

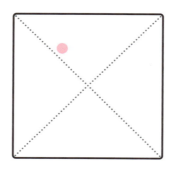

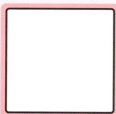

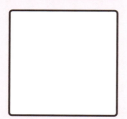

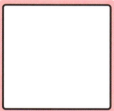

れんしゅう

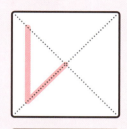

「レ」を
かこう！

レ

かきかたをおぼえよう！

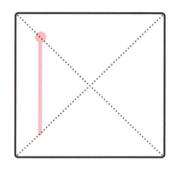

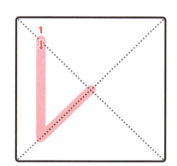

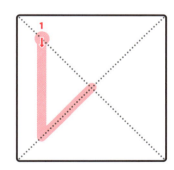

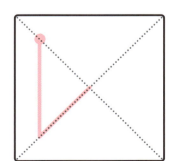

さいしょの
じとくらべて
みよう！

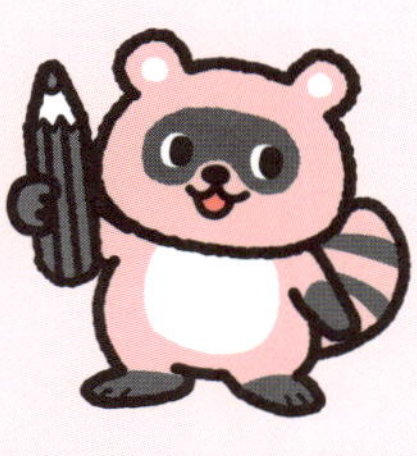

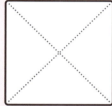

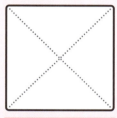

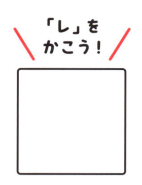

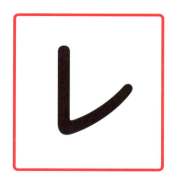

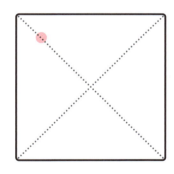

れんしゅう

「口」をかこう！

口

かきかたをおぼえよう！

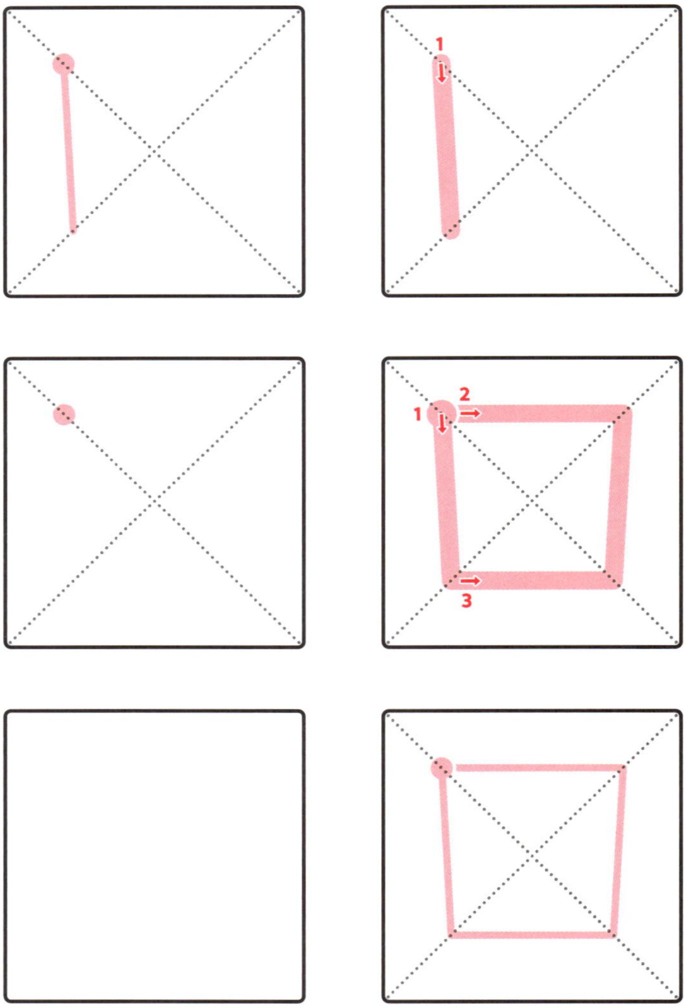

さいしょのじとくらべてみよう！

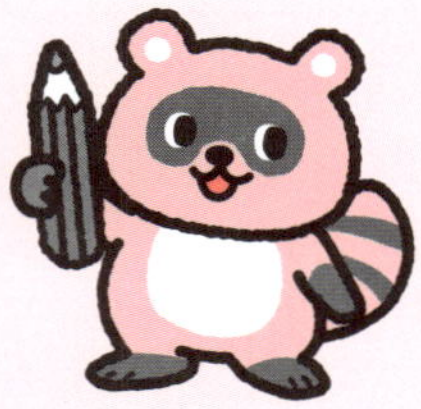

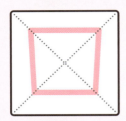

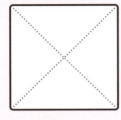

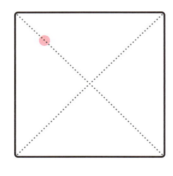

ラ行《ぎょう》のれんしゅう

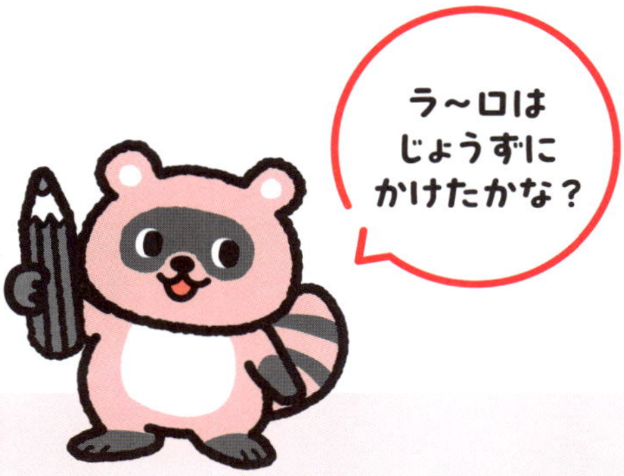

ラ　リ　ル　レ　ロ

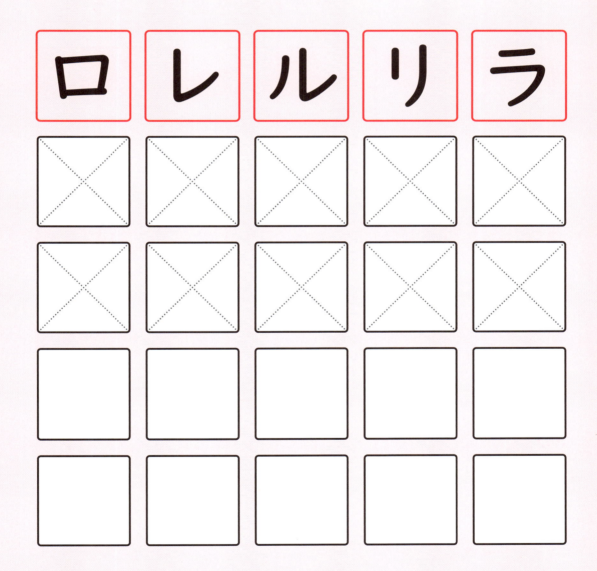

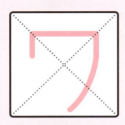

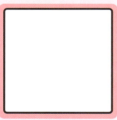

れんしゅう

「ワ」をかこう！

ワ

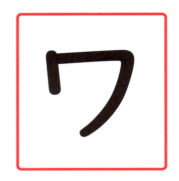

かきかたをおぼえよう！

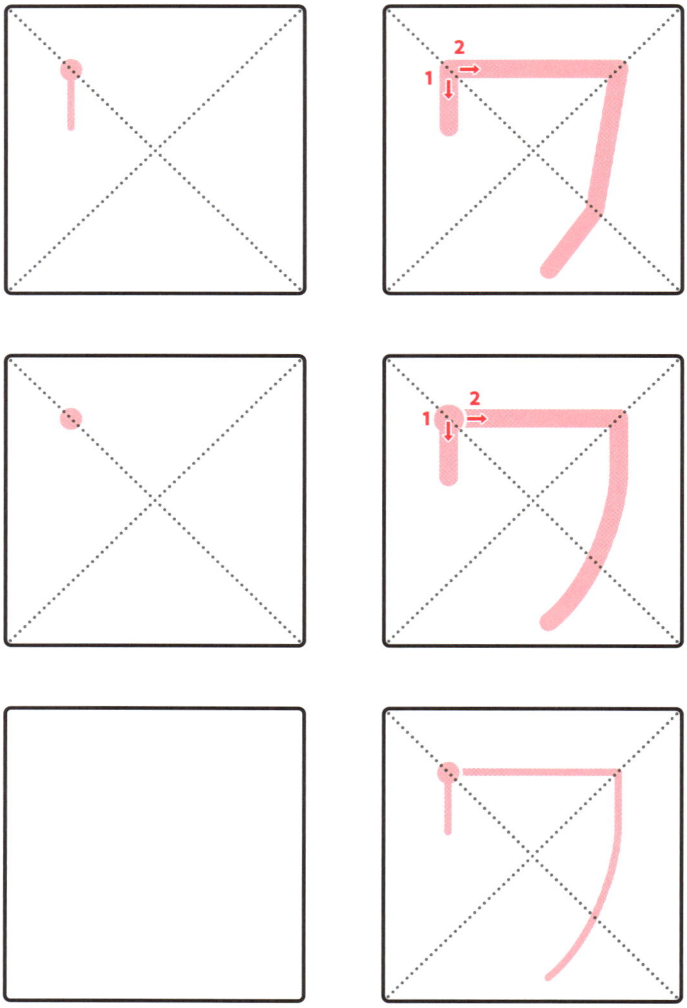

さいしょの
じとくらべて
みよう！

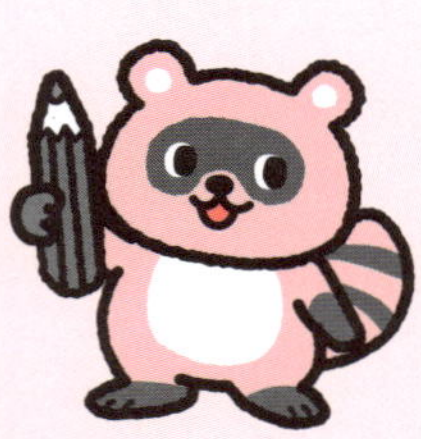

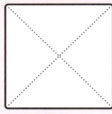

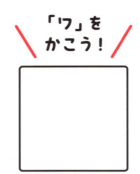

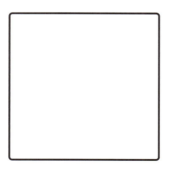

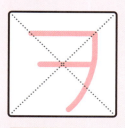

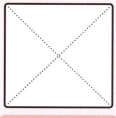

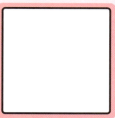

れんしゅう

「ヲ」をかこう！

ヲ

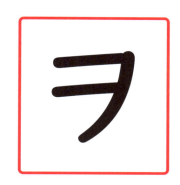

かきかたをおぼえよう！

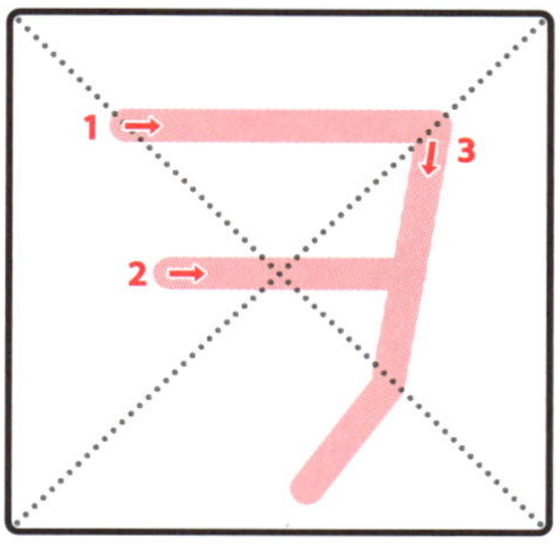

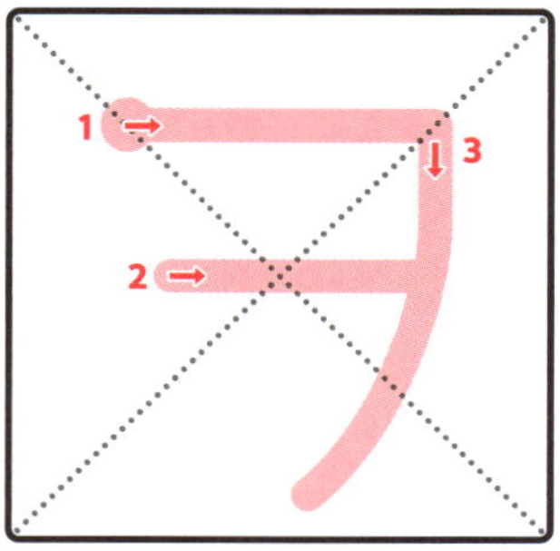

さいしょの
じとくらべて
みよう！

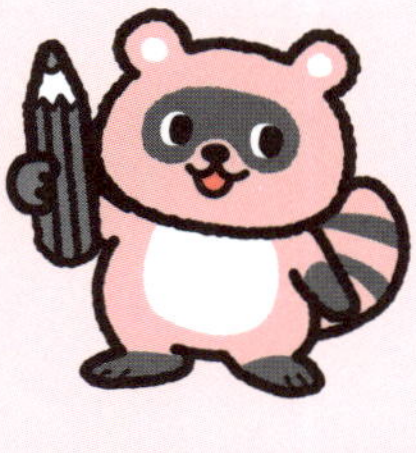

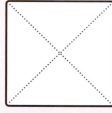

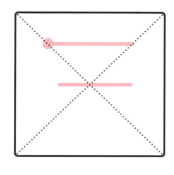

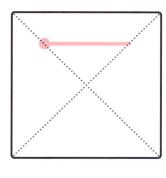

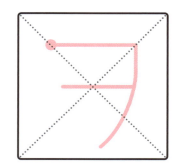

れんしゅう

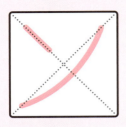

「ン」をかこう!

ン

かきかたをおぼえよう!

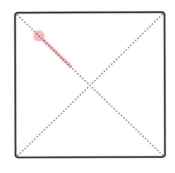

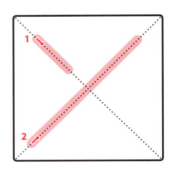

1
2

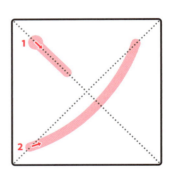

1
2

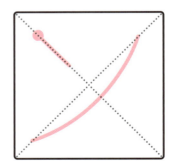

さいしょの
じとくらべて
みよう!

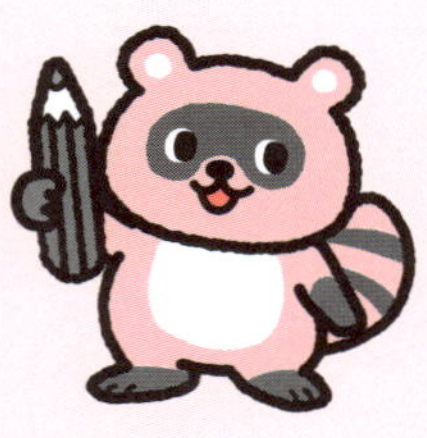

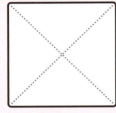

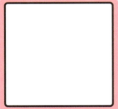

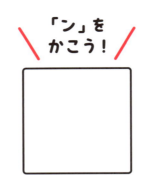

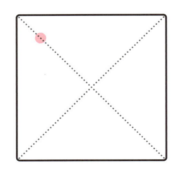

ワ行《ぎょう》とンのれんしゅう

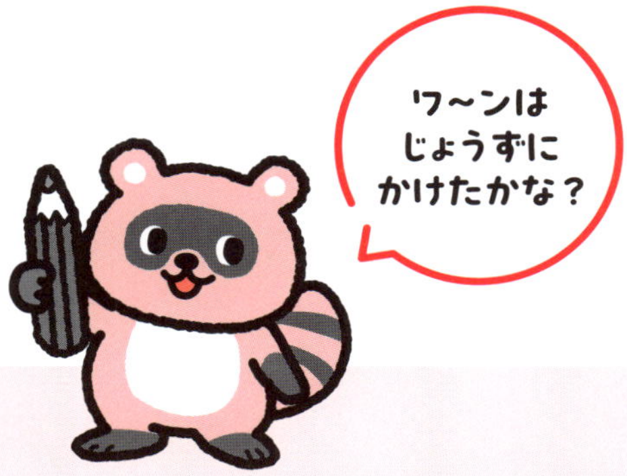

ワ　ヲ　ン

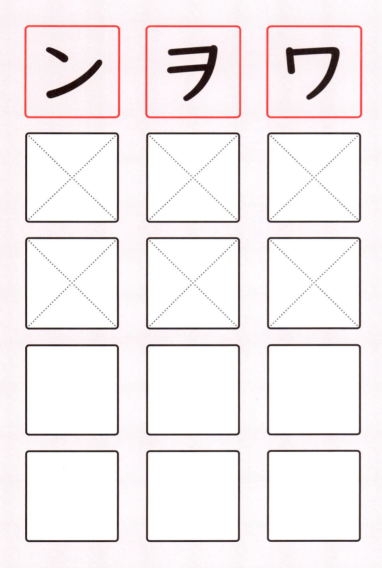

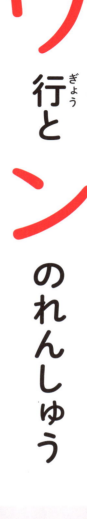

かいてみよう!

ハチミツ

ソフトクリーム

シマウマ

ミカン

数字《すうじ》

数字《すうじ》が読《よ》みにくいと
計算《けいさん》ミスにつながりますので、
うまくかけるように
れんしゅうしましょう。

かきかたをおぼえよう！

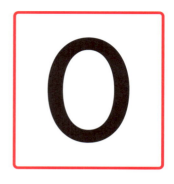

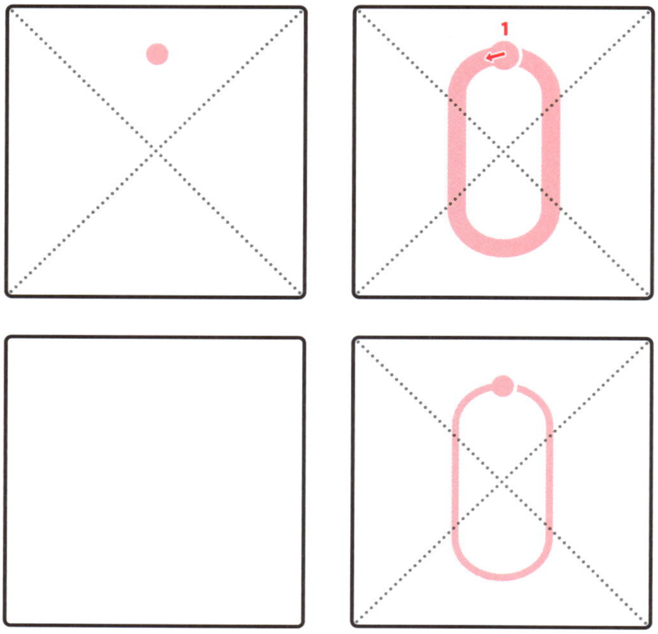

0

「0」を
かこう！

かきかたをおぼえよう！

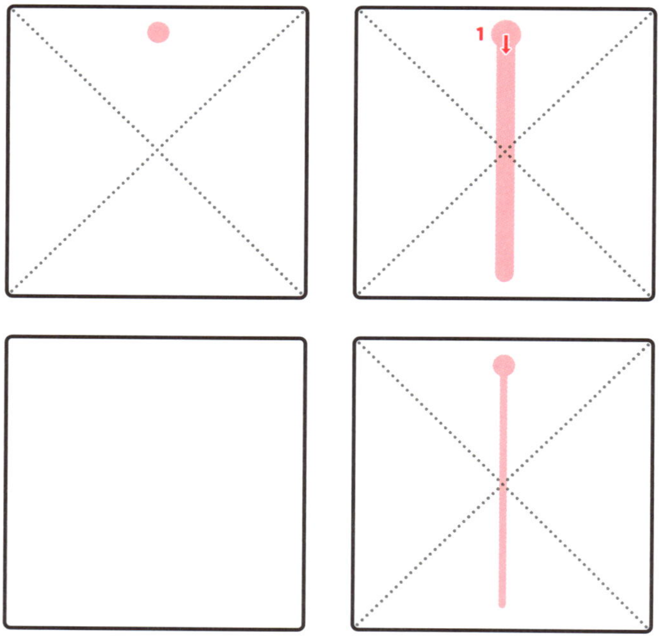

1

「1」を
かこう！

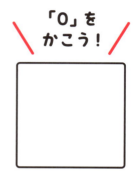

かきかたをおぼえよう！

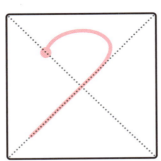

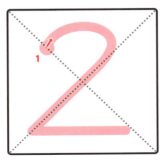

2

「2」を
かこう！

かきかたをおぼえよう！

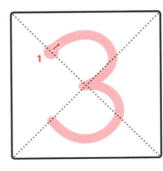

3

「3」を
かこう！

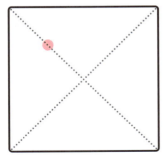

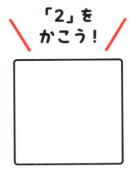

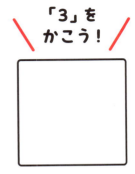

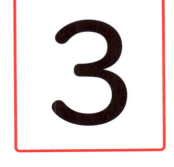

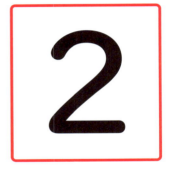

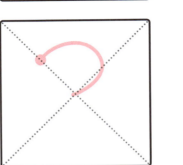

かきかたをおぼえよう！

4

「4」を
かこう！

かきかたをおぼえよう！

5

「5」を
かこう！

かきかたをおぼえよう！

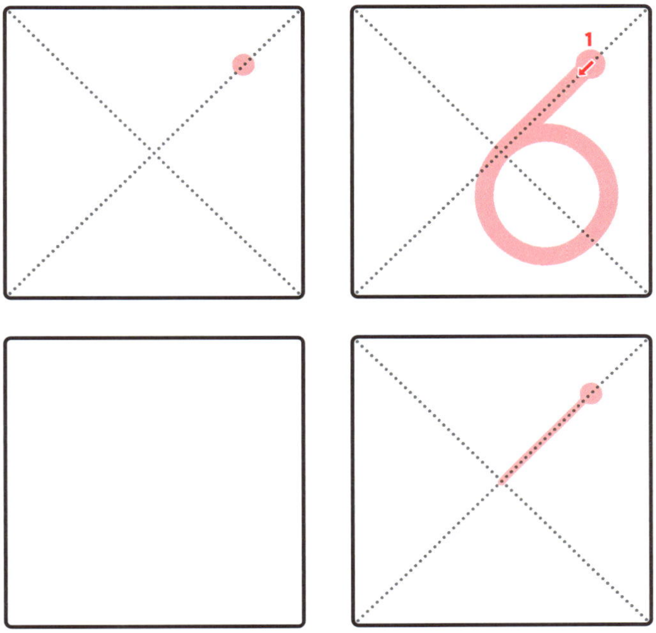

6

「6」を
かこう！

かきかたをおぼえよう！

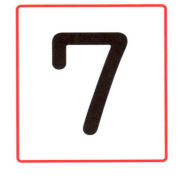

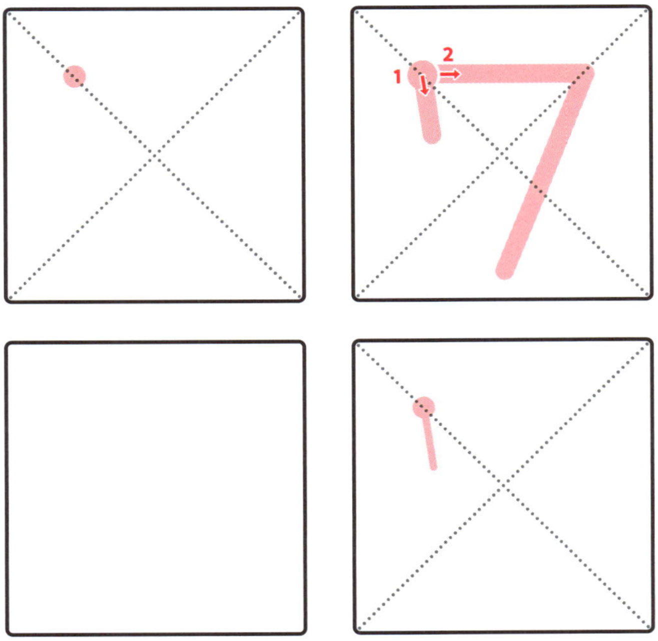

7

「7」を
かこう！

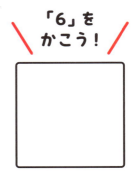

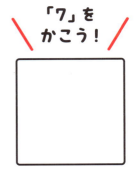

かきかたをおぼえよう！

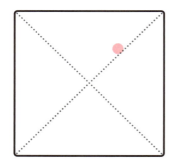

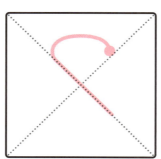

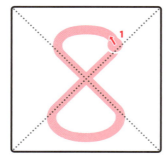

8

「8」を
かこう！

かきかたをおぼえよう！

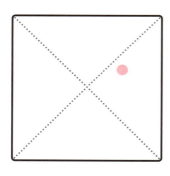

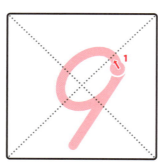

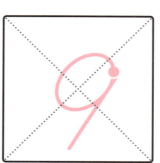

9

「9」を
かこう！

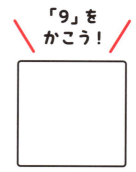

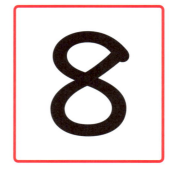

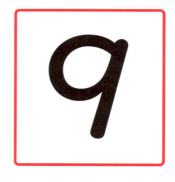

ちいさくかこう

1				
2				
3				
4				
5				

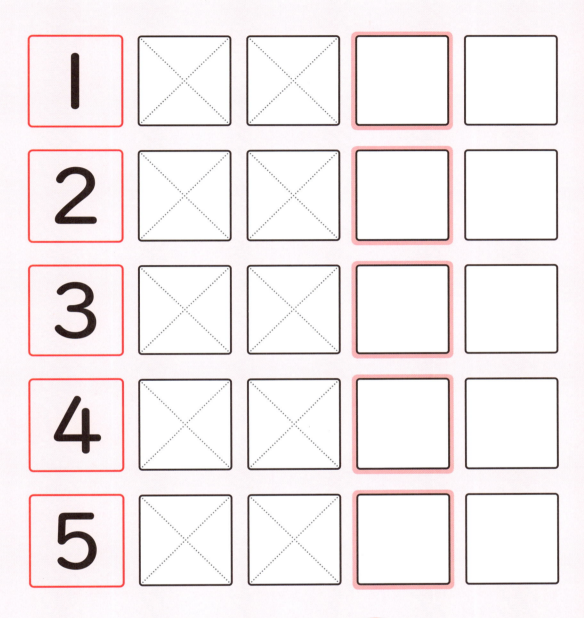

ちいさくかこう

6

7

8

9

10

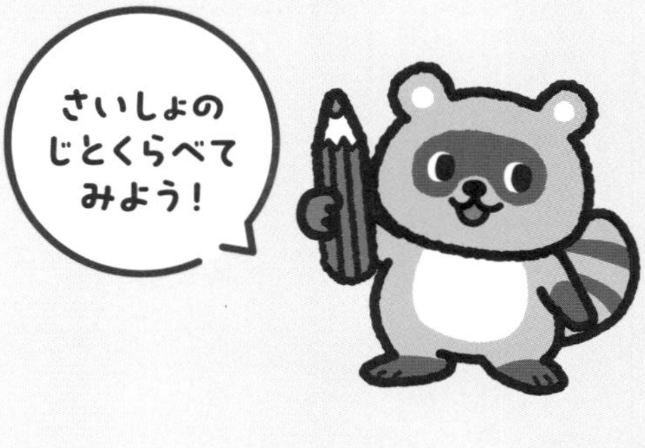

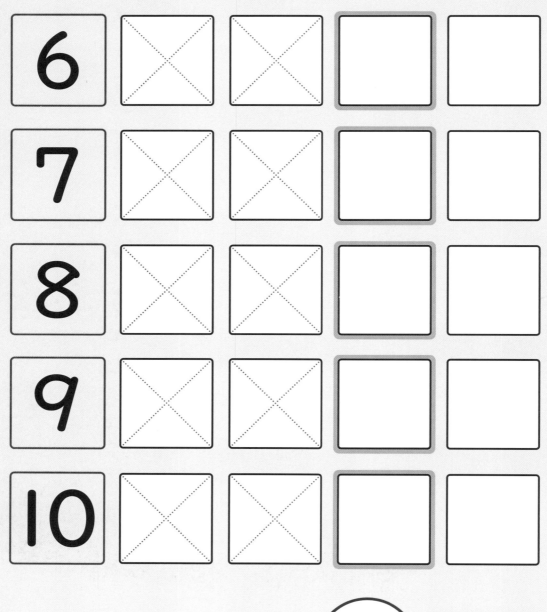

漢《かん》字《じ》

漢《かん》字《じ》の字《じ》のなかにななめ線《せん》が
入っています。マスのななめ線を
つかって、うまくかけるように
れんしゅうしましょう。

れんしゅう

「人」を
かこう！

人《ひと》

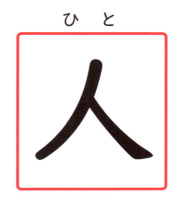

かきかたをおぼえよう！

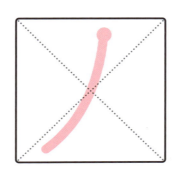

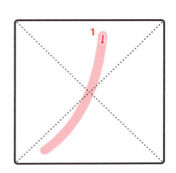

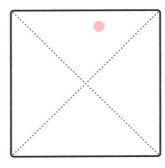

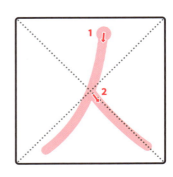

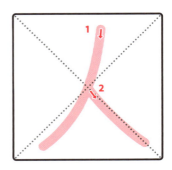

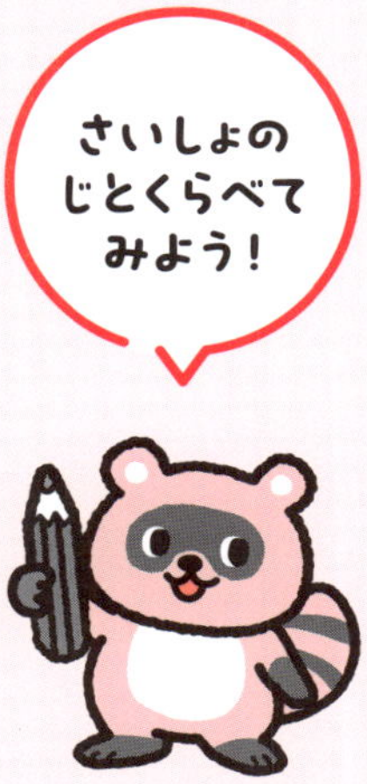

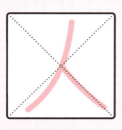

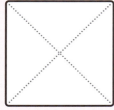

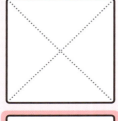

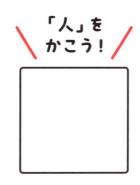

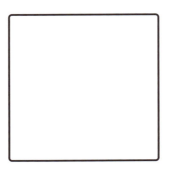

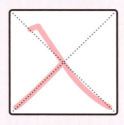

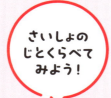

れんしゅう

「入」を
かこう！

入《はい（る）》

かきかたをおぼえよう！

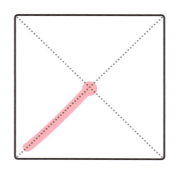

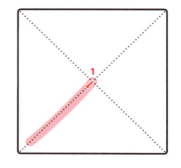

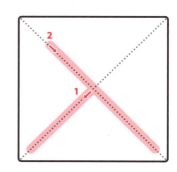

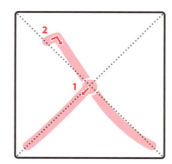

さいしょの
じとくらべて
みよう！

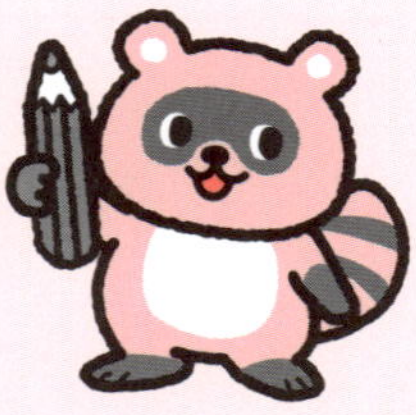

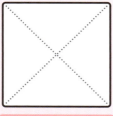

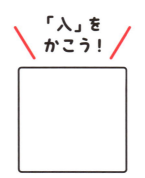

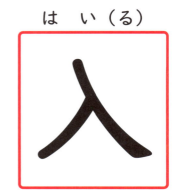

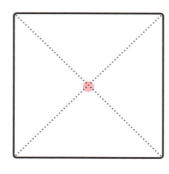

「六」をかこう！

六《ろく》

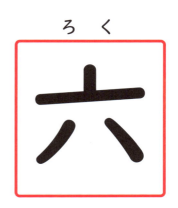

かきかたをおぼえよう！

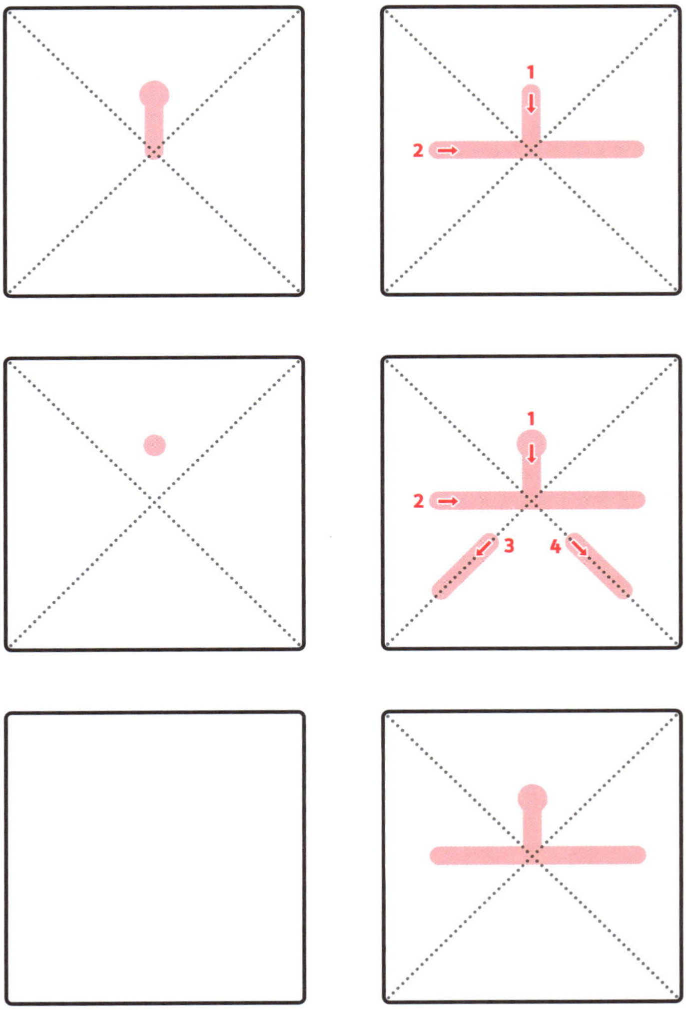

れんしゅう

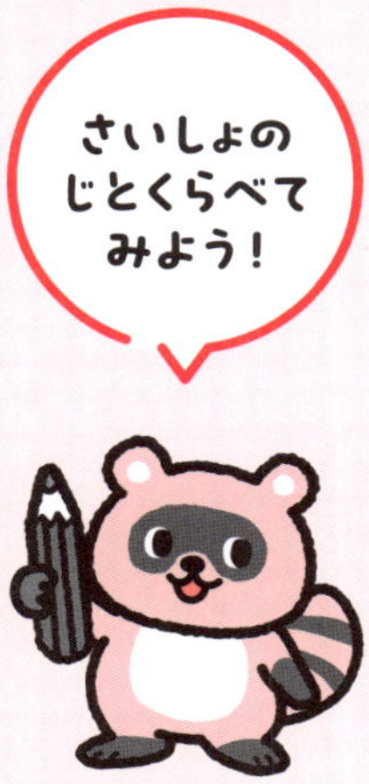

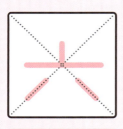

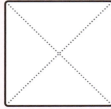

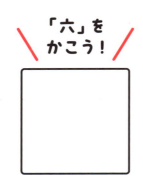

八《はち》

「八」を
かこう！

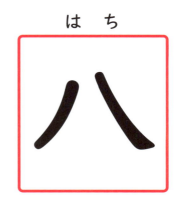

かきかたをおぼえよう！

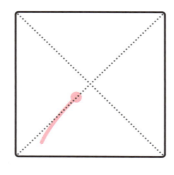

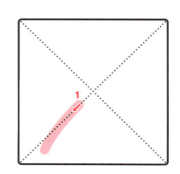

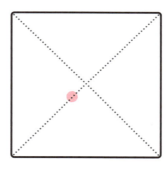

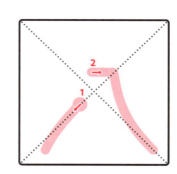

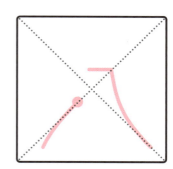

れんしゅう

さいしょの
じとくらべて
みよう！

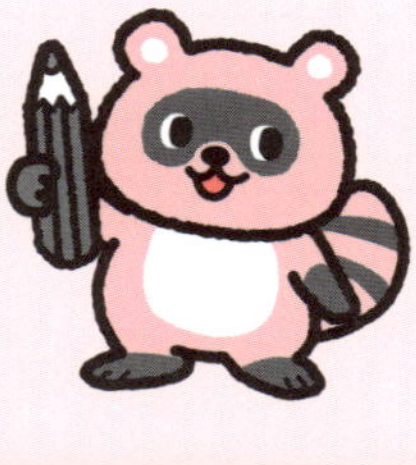

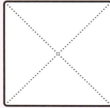

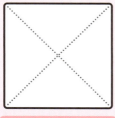

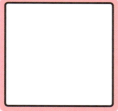

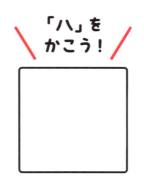

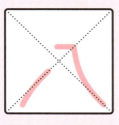

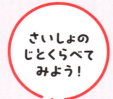

れんしゅう

「手」をかこう！

手《て》

かきかたをおぼえよう！

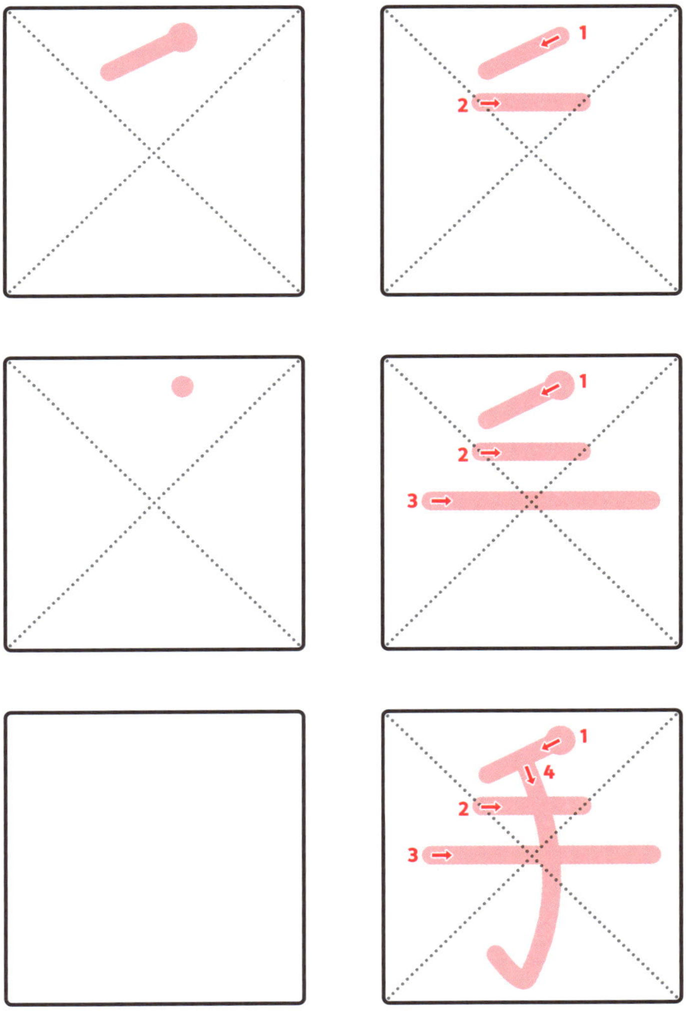

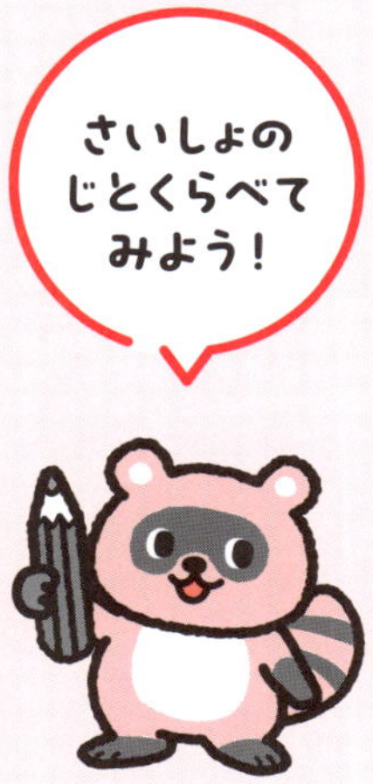

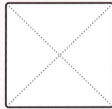

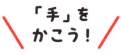

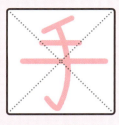

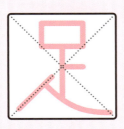

れんしゅう

「足」をかこう！

足《あし》

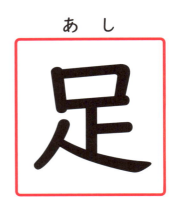

かきかたをおぼえよう！

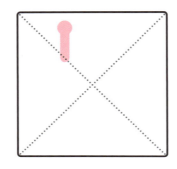

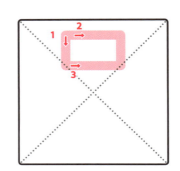

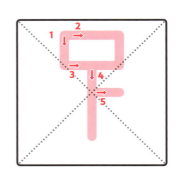

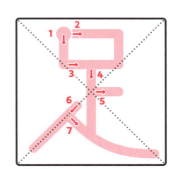

さいしょのじとくらべてみよう！

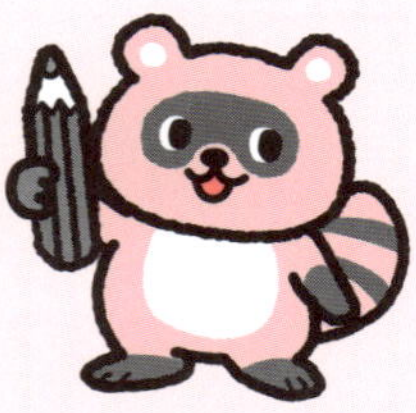

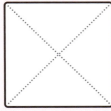

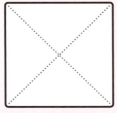

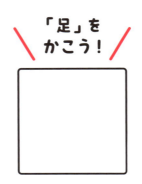

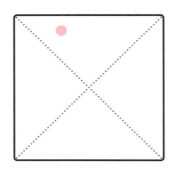

れんしゅう

「耳」を
かこう！

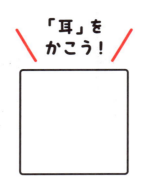

耳《みみ》

かきかたをおぼえよう！

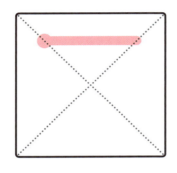

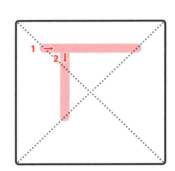

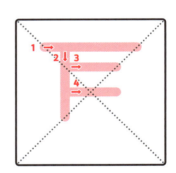

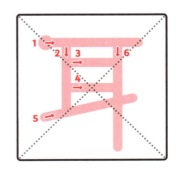

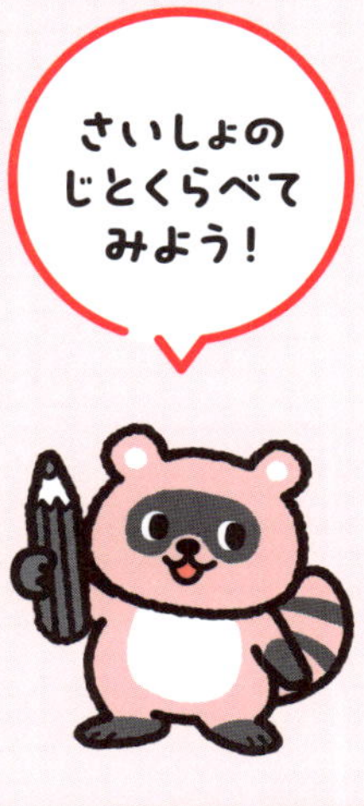

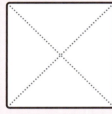

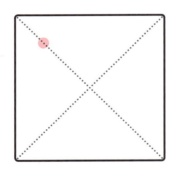

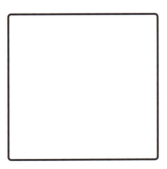

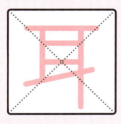

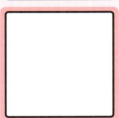

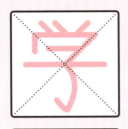

れんしゅう

「学」をかこう！

学《まな（ぶ）》

かきかたをおぼえよう！

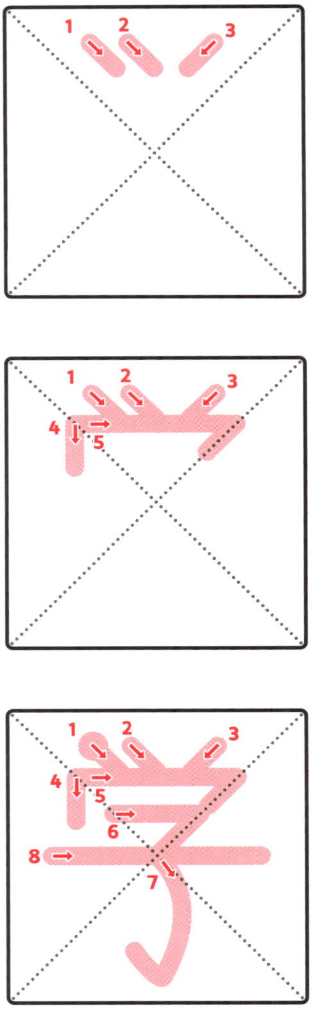

さいしょの
じとくらべて
みよう！

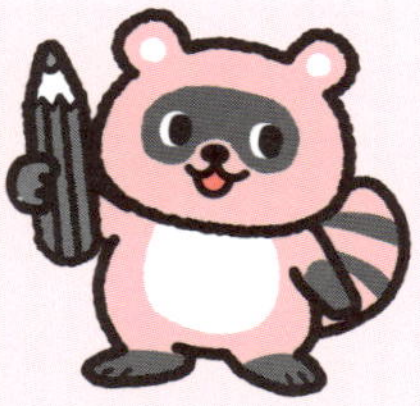

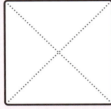

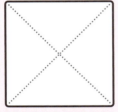

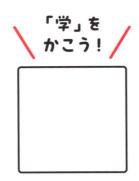

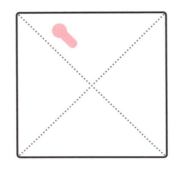

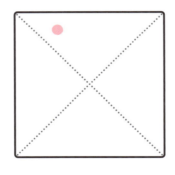

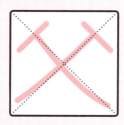

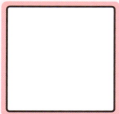

れんしゅう

「父」を
かこう！

父《ちち》

かきかたをおぼえよう！

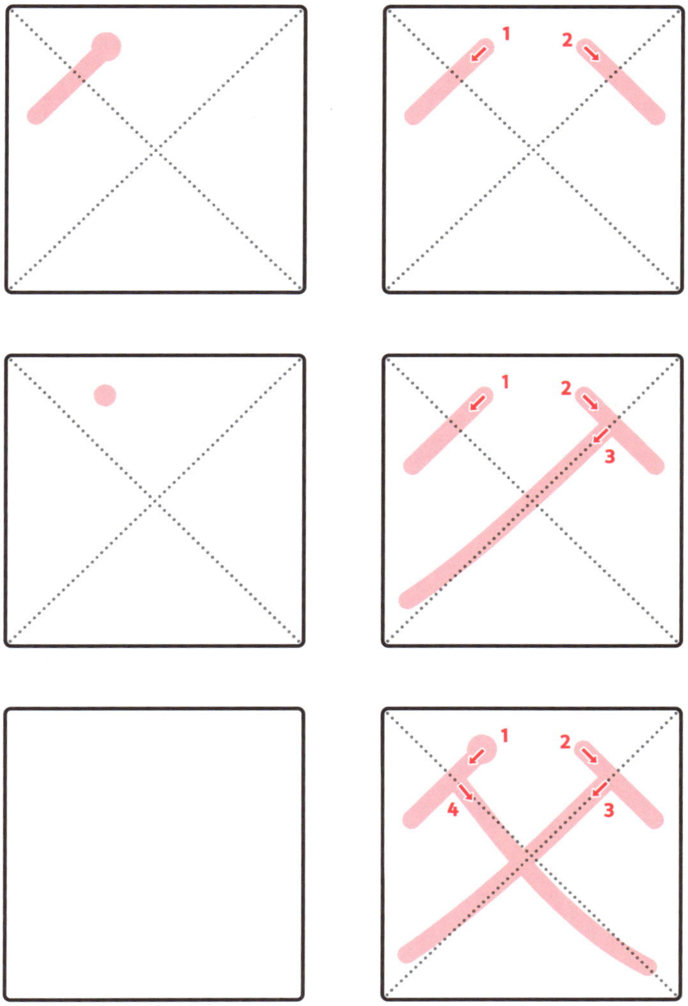

さいしょの
じとくらべて
みよう！

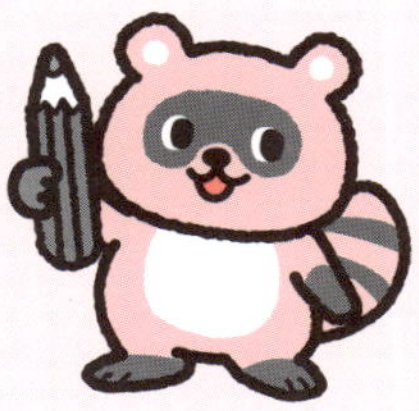

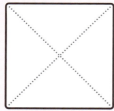

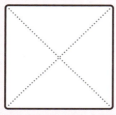

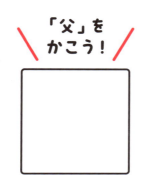

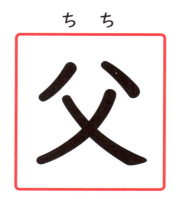

れんしゅう

「母」を
かこう！

母《はは》

かきかたをおぼえよう！

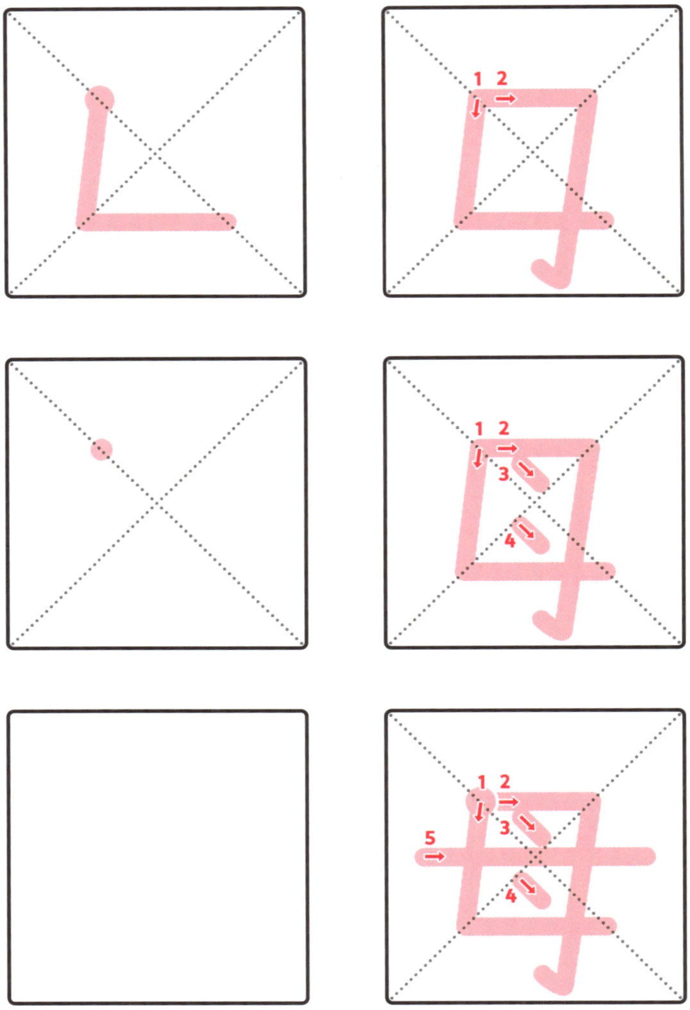

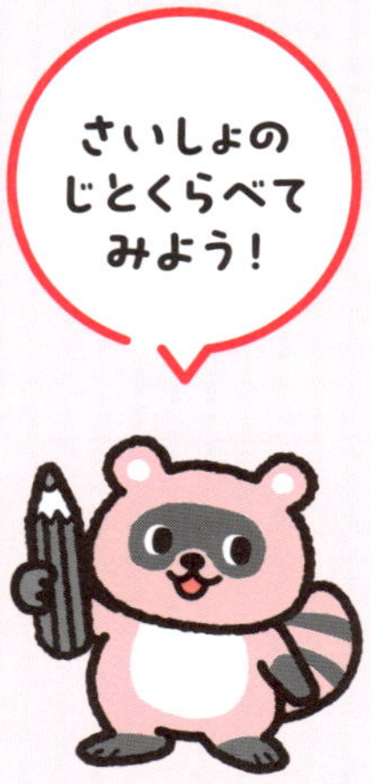

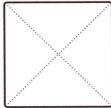

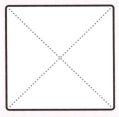

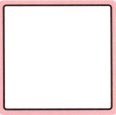

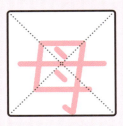

思《おも(う)》

「思」を
かこう！

かきかたをおぼえよう！

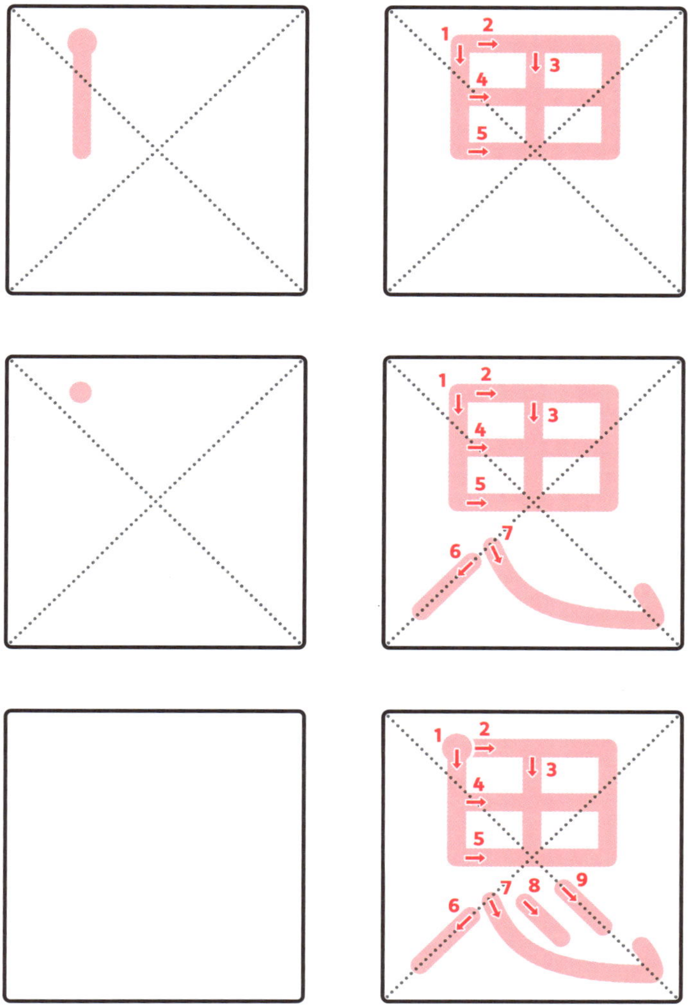

れんしゅう

さいしょの
じとくらべて
みよう！

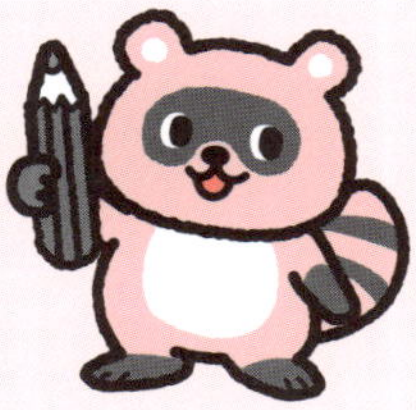

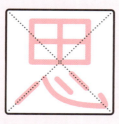

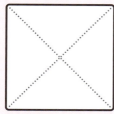

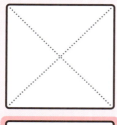

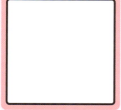

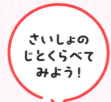

れんしゅう

「魚」をかこう！

魚《さかな》

かきかたをおぼえよう！

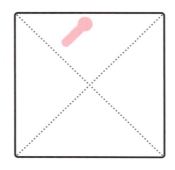

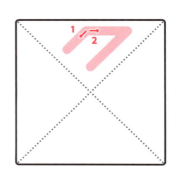

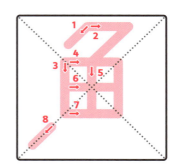

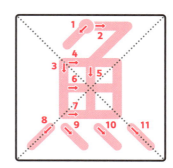

さいしょのじとくらべてみよう！

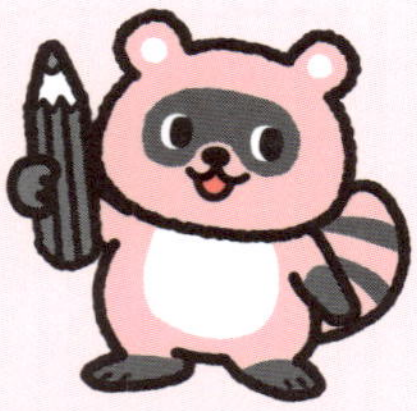

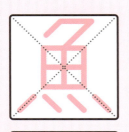

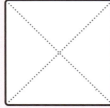

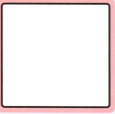

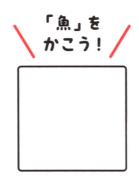

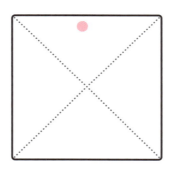

れんしゅう

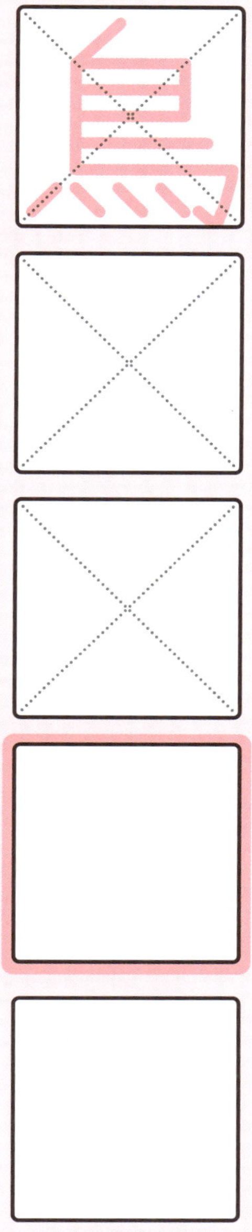

「鳥」を
かこう！

鳥《とり》

かきかたをおぼえよう！

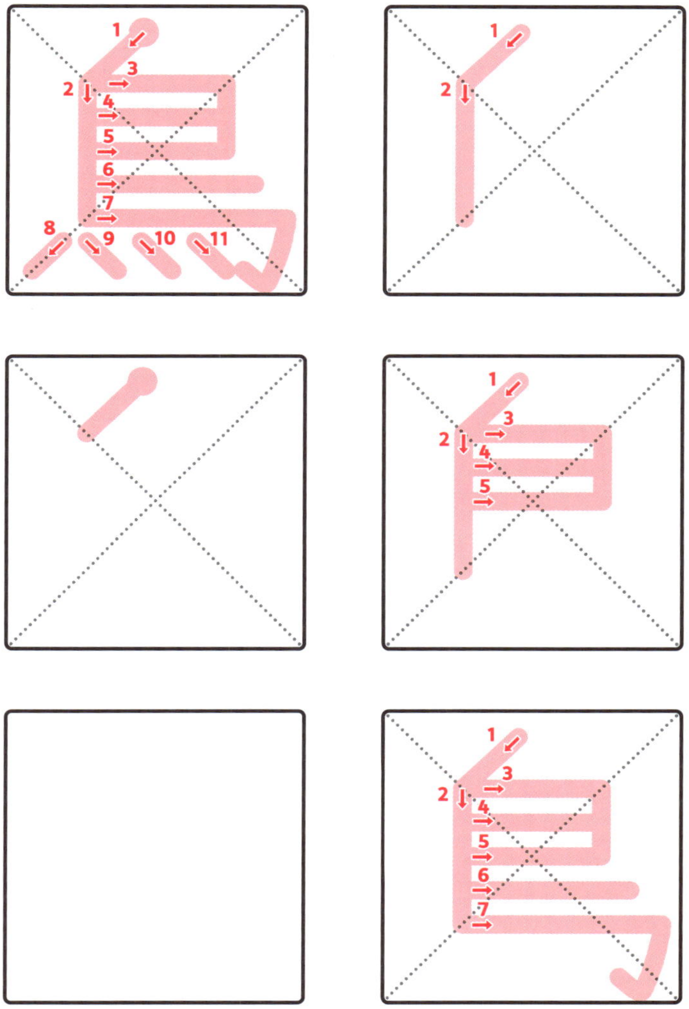

さいしょの
じとくらべて
みよう！

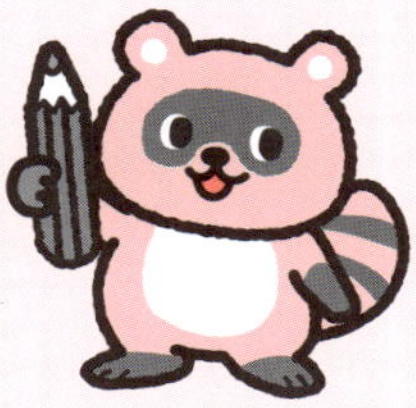

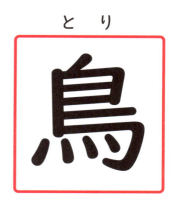

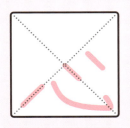

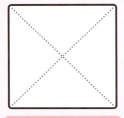

れんしゅう

「心」を
かこう！

心《こころ》

かきかたをおぼえよう！

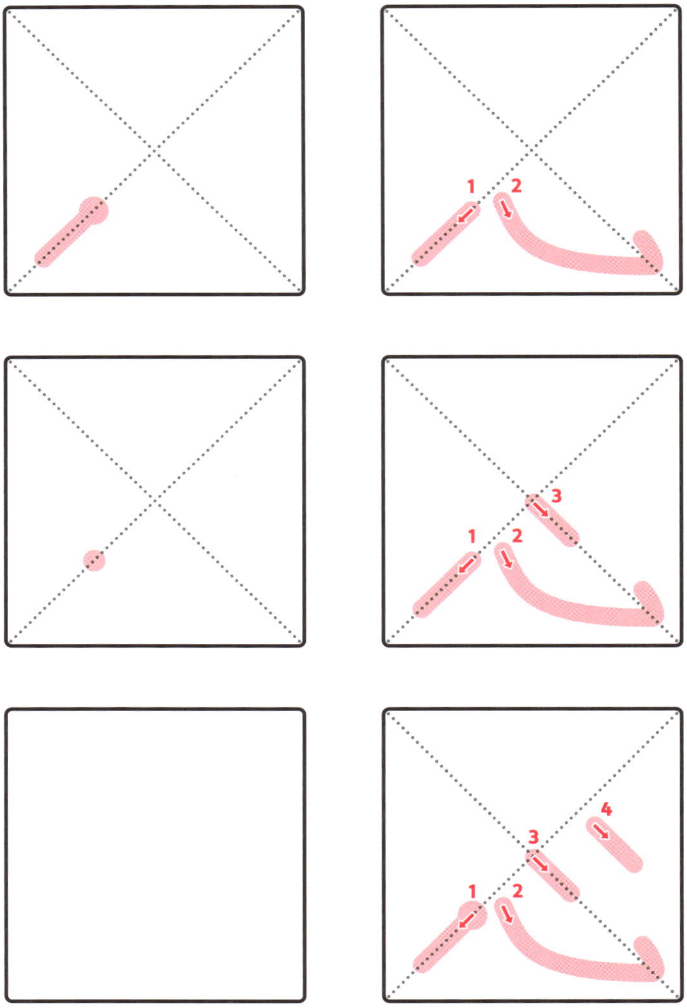

さいしょの
じとくらべて
みよう！

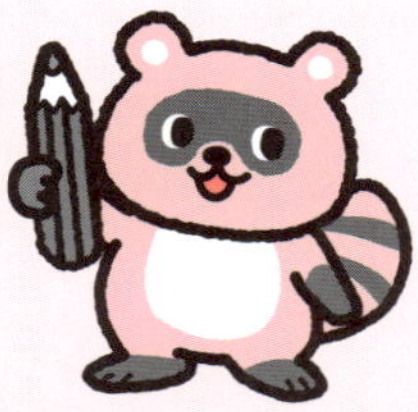

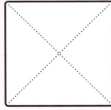

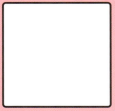

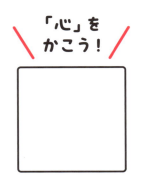

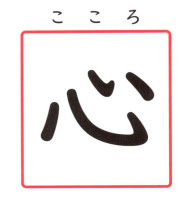

著者紹介

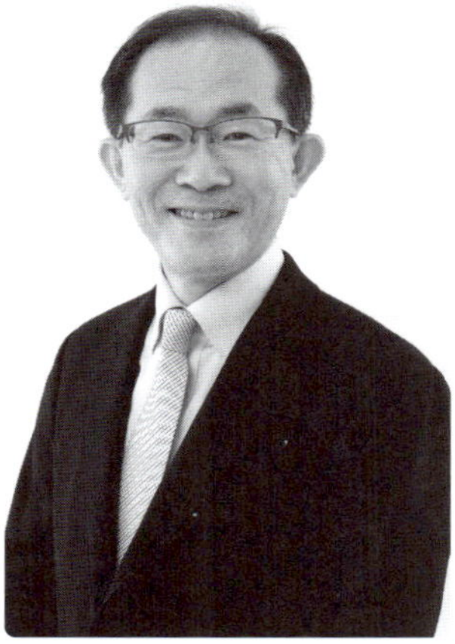

© 中川文作

笹田 哲（ささだ さとし）

神奈川県立保健福祉大学リハビリテーション学科 作業療法学専攻 教授。
作業療法士。
広島大学大学院医学系研究科修了、博士（保健学）。明治学院大学大学院文学研究科心理学専攻修了。修士（心理学）。

園や小中高校を訪問し、子どもの生活･学習動作（姿勢、目と手の不器用さ）を研究テーマとし、体の使い方や発達が気になる児童・生徒の学習支援に取り組んでいる。NHK・E テレ番組『ストレッチマン』番組企画委員、同『でこぼこポン！』番組監修を務め、テレビ・ラジオ番組出演多数。著書に『気になる子どものできた！が増える 体の動き指導アラカルト』『同 3・4・5歳の体・手先の動き指導アラカルト』『同 書字指導アラカルト』『発達障害のある高校生・大学生のための上手な体・手指の使い方』（中央法規出版）などがある。

発達が気になる子どもが
うまく書けるようになる
斜めマス書字ワークブック
ひらがな・カタカナ・数字・漢字

2025 年 3 月 15 日 発行

著　者　笹田 哲
発行者　荘村明彦
発行所　中央法規出版株式会社
〒 110-0016　東京都台東区台東 3-29-1 中央法規ビル
TEL 03-6387-3196
http://www.chuohoki.co.jp/
印刷・製本　株式会社ルナテック
制　作　石川守延（カルチャー・プロ）
デザイン　大橋麻耶（maya design room）
DTP　株式会社オフィスエム、tomoart
イラスト　かねこみほ（メインキャラクター）、たかはしかず（本文）

定価はカバーに表示してあります。
ISBN978-4-8243-0242-7

本書の内容に関するご質問については、下記 URL から「お問い合わせフォーム」にご入力いただきますようお願いいたします。
https://www.chuohoki.co.jp/contact/

A242